女子高生ですが、自治会長です。

×谷 笑多

まえがき

　大抵の難しい本では、本を開いて最初に出てくるこの辺りのページに「まえがき」とか「序文」とかそんな名前の文章が、お約束のように書かれていることが多いです。読者の皆様は、まずはそれを読んで、その本に自分の読みたい・知りたい内容が書かれているのかどうかを判断されることと思います。

　しかし、この本の制作に取りかかった当初「まえがき」を書く予定はありませんでした。マンガのように「読み始めた途端に主人公に大変な状況が降りかかり、読者の皆様を物語の世界に一気に引きこむ」、そういう展開で進めていこうと考えていたからです。

　ということで、

既にここまで読んでもらって大変申し訳ないのですが、この「まえがき」は読み飛ばしてもらっても構いません。

実際には「あとがき」に書こうと思っていた内容もまとめて書いてしまいましたので、「まえがき」にしては文章量も多く、多少のネタバレまで入っていたりもします。

「ネタバレは勘弁してほしい」「細かい説明はいいから先を読みたい」とお考えの方はこの後にある「登場人物紹介」辺りまで移動して、その先の本編をお楽しみください。

まえがき

　ということで、あらためまして。

この、マンガなのか、ライトノベルなのか、どのカテゴリーに分類されるか分からない珍妙な本を手に取っていただき、誠にありがとうございます。とりあえずは、この本を読もうとしてくださったことに深くお礼を申し上げます。

　さて。この本は題名からもおわかりになるように自治会のコトを主軸に書かれています。ですが、その運営についての極意を示した秘伝書の類でも、活動の自慢話や成功事例を載せたハウツー本の類でもありません。「こうやったら上手くいく」というような「答え」が書かれている本を期待して手に取っていただいた方々には大変申し訳ないのですが、本書はそれに該当しません。そういったものは既に、行政を含む頭のいい人たちが書籍やパンフレットにして世に送り出してくれています。それをわざわざこの本で律儀に真似する必要は無いと思うのです。

　ですから、この本は「楽しんで読んでもらうこと」を最初の目的として書きました。それを目的にするならば、あれを◯◯しなさい・これを◯◯すればうまくいく、というような命令口調や教え諭すような書き方は、その「楽しんで」という前提に反してしまうのではないかと思うのです。だからというわけではありませんが、本編は全文、登場人物が口語調でつぶやくように書いてあります。その登場人物も大学教授や政治家のような高尚な人物を起用しないで、あくまで「一般の人」だけにしているのも同じ理由です。

その登場人物たちと読者の皆様が一緒に疑問に思ったり、考えたり、泣いたり、笑ったりしながら答えを探していって欲しい、そんな思いでこの本は書きました。

それはある意味、中途半端な印象を与えるかもしれません。

先ほども申し上げましたとおり、本書では具体的な解決策や処置方法のような、あるべき結論を敢えて示さないように気をつけて書いています。どちらかと言えば、4コママンガや落語の「オチ」みたいな面白さで各話を結んでいます。そんな姑息なやり方で答えを出すことから逃げているように見られてもおかしくはないかもしれません。

しかし、地域ごとに様々な事情や環境、形態がある自治会活動において、当事者でもない人間がそれぞれの地域にぴったり合う答えなんか出せるのでしょうか？

おそらくそれは、立派な肩書きや豊富な経験・知識のある人でも簡単ではないことだと思います。現実にあなたの町で起きていることは、顔を上げたあなたの目の前にしかなく、うなだれて覗き込む画面や紙面の中には決して存在しません。その向こう側にある物はただのコンテンツであり、「特定の媒体を介して提供される情報」の一部に過ぎません。

デジタル全盛のこの時代、マンガやアニメを含む文芸、テレビや新聞を賑わすニュース、法律や学校の教育でさえコンテンツと呼んで差し支えありません。消化も吸収もされずに右の眼から入って左の眼に抜けていく、大量に消費するだけの「商品としての情報」にいったいどれほどの価値があるのでしょうか。その中から必要な情報を抽出し、噛み砕き、並べ直し、考えて、まとめ直して、答えを出す。それが読者に課せられた義務だと私は考えます。与えられた模範解答だけをインプットして、なんとなく分かったフリをしているだけでは何も身に付きませんよね？

そんな訳で、この本がご案内するのは「入り口まで」ということでご了承願います。

ところが。

そんなコンセプトが決まって、いよいよ物語を書き進めていくことになったわけですが、これがどうにもしっくりこない。ただ現実の流れを追従していくだけでは面白くはないし、インパクトにも欠ける。何とかならんものかと考えていたところ、ある人から一つ提案をいただきました。

それは「物語の設定を極端にして、何か強い要素を入れたほうがよいのではないか？」というものでした。なるほど、自治会という言わば超現実的な主題だけで話が進んでいくよりは非現実な要素を注入してバランスさせる方が物語的には楽しいかもしれない、そう考えたわけです。

そこで、物語の後半に出てくる予定だった小さな童話の中からあるキャラクターを一人、主要人物として最初から登場させてみることにしました。もちろん、それはネタバレですから、ここでは企画段階のコードネーム「キャラクターZ」と仮称して話を進めます。

その人物（？）の登場によって物語はかなり非現実な方向に振れることになりました。元々「無い」で考えていた「まえがき」がこの場所に来たのは、そのおちゃらけた設定を相殺する目的であったことをここで白状しておきます。

第一章の「あるある」では現実によくある事例を紹介していきますが、そこで突然登場してくる、非現実でファンタジーな存在。子供向けのマンガやアニメ、どちらかと言えば昔話でもお馴染み、それが キャラクターZです。そんなキャラクターが登場する以上、この本はどう転んでも「フィクションです」になってしまうのです。

「フィクション」とは一般に、事実ではないものを事実らしく作り上げることを意味し、文学用語としては「架空の出来事を事実のように描いた物語」です。

どこかの町で本当にあった成功事例などではなく、あくまで想像上の物語であり、作者や出版社の都合で描かれる言わば「ウソ」の物語です。ノンフィクション的な解決策を期待して手に取っていただいた皆さんには繰り返しで申し訳ないのですが、本書にとってこの表示を出せるメリットをご理解ください。

この物語はフィクションです。

登場する人物・団体・名称等は架空であり、実在のものとは関係ありません。

本書の中には少なからず、社会のあるものに対する批判的な意見や言葉が含まれています。含まれているように見えてしまいます、見方によっては。

もしかするとそれは誰かにとって攻撃的に感じられたり、精神的・金銭的なダメージを与えてしまう結果を招くかもしれません。あるいは風評被害のように社会の流れを変えて、誰かに不快な思いをさせてしまう可能性だってあるかもしれません。

ですが、あくまで「この物語はフィクションです」という前提があります。

苦情や反対意見を受け付けないというわけではありません。ですが、そういうものにビクビクして言いたいことも言えなくなったり、分かっているのに知らん顔をしたり、大事なことを避けて通ったり、したくはありません。語気を荒げて圧力をかけてくるような強いチカラに忖度して救うべき人たちを見殺しにするような、そんな本にはしたくないのです。

読んでくれる全ての人がクスッと笑って楽しく読める、マンガや昔話がそうであるように「身近にある物語」として心にそっと残ってくれる、、そんな一冊になるようにこの本は書きました。

だからもう一度言いますが、この物語はフィクションです。登場する人物・団体・名称等は架空であり、実在のものとは関係ありません。


最後に。

こういった「まえがき」ないしは「あとがき」で定番の終わり方といえば、この本を出すにあたってお世話になった人の紹介とお礼の言葉を並べることです。

しかしそれは直接その人たちに口頭で伝えますので、この本では割愛させていただきます。

それよりも、口頭で直接伝えたくても伝えられない、面と向かってもはや話もできない、そんな人たちに伝えなければならないことを優先して述べさせていただきます。

それは巻き込まれた人たちへのお詫びの言葉です。

この本を出すにあたり、私はたくさんの人を騙してきました。

できもしないような企画をでっち上げ、さほどでもない地域活性の素振りを見せ、期待を持たせてしまうような発言や行動で、様々な陽動作戦を繰り返してきました。

残念ながら私は、見た目から想像できるような朗らかな楽しい人間ではありません。人並みに欺きもすれば、盗みもする。狭い裏道を使って横着をしたり、目で見て気付いた困っている人を放置して見殺しにもする。ぎりぎり地獄に行くタイプの人間です。

政治家になれるような行動力も、教祖になれるようなカリスマ性もない、ごくありふれた工業高校卒業程度の学歴しかない、しがない会社員です。

がっかりさせてしまい本当に申し訳ありませんが、この本の作者はそんな感じの人間です。

そんな人間の企てに多くの人を巻き込んでしまって、本当に申し訳ありませんでした。

改めましてお詫びを申し上げます。

さらに、それ以上に、きちんと謝らなければならない人たちがいます。

それは、自治会という組織・自治会というシステム・自治会という存在が早くこの世から無くなって欲しいと願っている人たちです。

ごめんなさい、私はまだ自治会がこの世の中から無くなって欲しいとは思っていません。

それがまだ必要だ、という視点でこの本は書いています。

そして、その自治会というシステムを使って、失われつつある大切なモノを取り戻そうと画策しています。

その点をご理解くださいとお願いしたうえで、心よりお詫びを申し上げます。

本当に申し訳ありませんでした。

令和六年六月六日　　×谷 笑多

目次

女子高生ですが、自治会長です。
石上 星羅
独り暮らしなのに
自治会活動に参加
してくる謎の女性
じいちゃん
ゆいの祖父。
ばあちゃんと二人で
この町に住んでいる
早池 ゆい
となり町に住んでいるが、
通っている高校が近いので
この町に入り浸っている。

六角 緑
通称みどりん。
ゆいと同じ高校に通う
幼なじみの才女。
キナコ
みどりんが飼っている
柴犬（女の子）

あるある

第一章　あるある

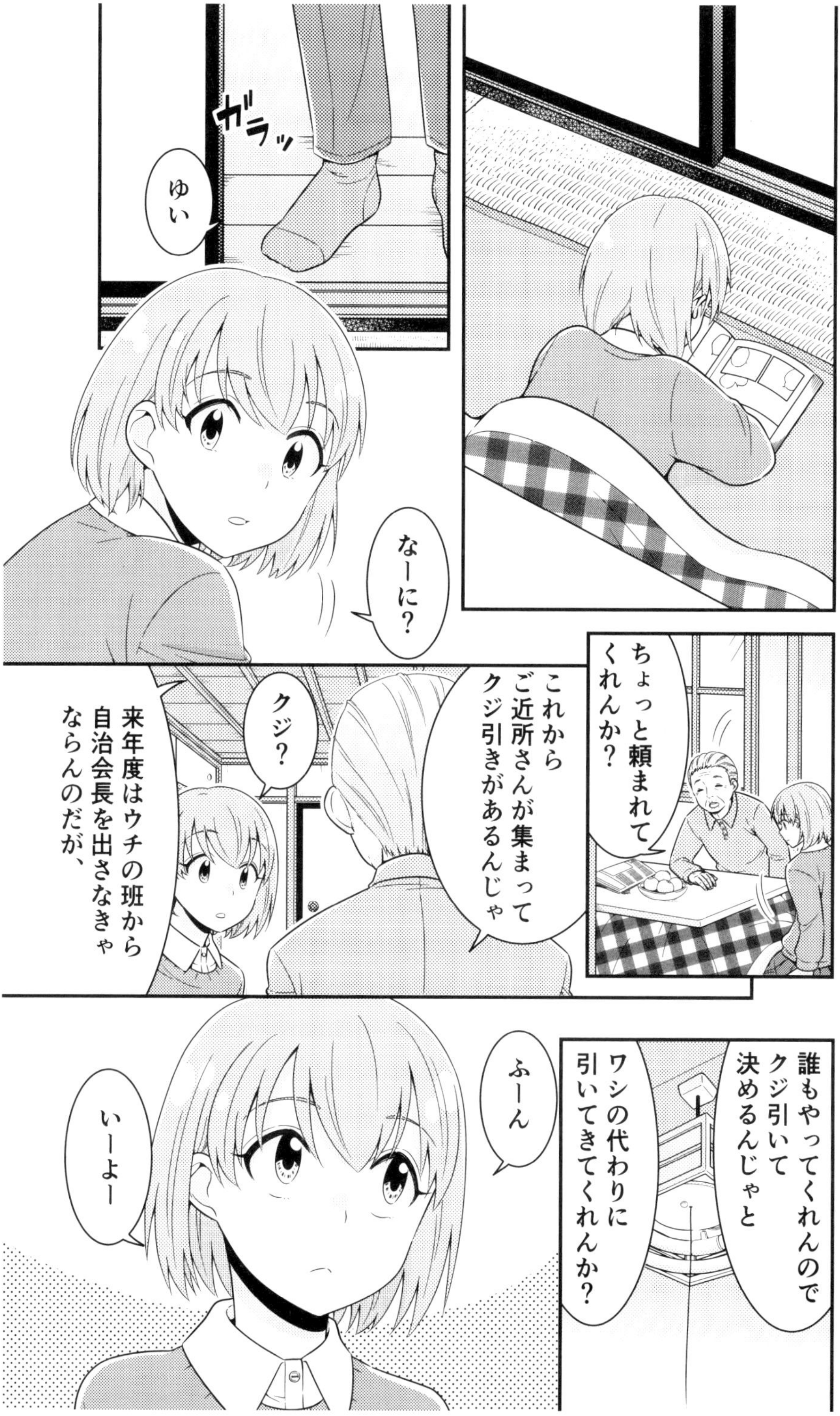
ガラッ
ゆい
なーに?
ちょっと頼まれてくれんか?
これからご近所さんが集まってクジ引きがあるんじゃ
クジ?
来年度はウチの班から自治会長を出さなきゃならんのだが、
誰もやってくれんのでクジ引いて決めるんじゃと
ワシの代わりに引いてきてくれんか?
ふーん
いーよー

「クジ引き」は公平で平等だって言うけど、結果的に「勝敗を押し付ける」って不平等が生まれるじゃん？

好きでやってくれる人がいないからクジ引きで決めちゃいます！って、ずいぶん安直な考えじゃないですか？　それ以外に方法がないからって、運任せでハズレを引いた誰かに全部押し付けちゃおうって、あんまりだと思います！

なぁんて、負け犬の遠吠えみたいでなんだか情けないなぁ、とほほ。

う〜ん、こういう自治会ってものだけに限らず、似たような話は実はいっぱい転がっているような気がするんだけど、どうなんだろ？　人と人とが集まって何かやったり、何かやらなきゃいけなかったり、そんなグループとか活動とか、その中で誰が上とか偉いとか決まってなかったら、きっと同じような悩みでみんな苦労してるんじゃないのかなぁ。

それでもって、誰もがちょっとは思ってるんじゃないですか？

くじ引きで決めなきゃいけないような仕事をなんでやるんだろ、なんで誰かにやらせるんだろ、って。そもそもその仕事は必要なのか？こんな集まりが必要なのか？って。みんな嫌々やってるなら始めからやらなきゃいいのに、って。そんな嫌な仕事を押し付け合ってるようなグループになんか入らなきゃよかったなぁ、みたいに？

それ、正解なのかなぁ？残された唯一の方法はその集まりから「逃げる」、だけ？

う〜ん、それも「負けた感」あるんだよねぇ。

こんばんはー
あら ゆいちゃんが クジ引くの？
うん
クジを一人一本 引いてくださーい
色がついていたら アタリでーす。
ざわっ
ウチの おじいちゃん 80近いし もう無理だと 思うんだけど…
そそくさ
びょ、平等に クジで決まったもの だからねぇ…
ぽつん…

誰かが意図的にやめたものを「失った」とは言いません。不必要と思ったから「無い」に変えただけで、「失う」ものはたいてい必要なものです。

　地域によっては自治会や町内会が「無い」ところも、確かに存在します。最近の新興の住宅地や大規模なマンション群などでは、始めから「無かった」地域もあるでしょう。とはいえ歴史を振り返れば、かつてはどの地域にも半ば強制的に自治会の様なコミュニティ組織が存在し、住人はそれに加入することが当たり前でした。そこから考えてみても、やはり自治会の存在は失われつつある、と言わざるを得ないわけです。

　その自治会の仕組みについて、行政上の位置付けは「地縁に基づいて形成された団体」というのが一般的な謳い文句であり、もちろん地方自治法にも同じ文言が使われています。ですが、それが間違いの元だと私は思っています。微妙な定義を変えようともせず、古臭い看板をいつまでもそのまま使い続ける。それって、自治会の存在に対する行政の消極的な姿勢をなんとなく表しちゃってる様に見えませんか。

　今の世の中、地縁を含む「縁」というものがどの程度残っていると思っていますか？ともすれば「しがらみ」と誤解されかねない「地縁」というものに対して、人々がどんな認識を持って生活していると思っていますか？そんなモヤモヤっとしたものをアテにした、なんとなく昔のままでいいやというような後ろ向きなやり方では何も変わりはしません。で、あれば何をどうするか？　変えるべきはまず、その辺りからではないでしょうか。

ウチはさ自治会とかやったことないの?
ここのマンションは自治会無いわよ
自治会の設置は義務じゃないからな
あった所も参加者が少なくてどんどん無くなってるって話だ
あったらあったで役員とか回ってきて面倒くさいのよ
回覧板とかもあるし、
会費集めたりとか
朝から清掃に駆り出されたりねぇ!
――!
――!
あんた、またおじいちゃんの家で遊んできたの!
いい加減にしなさいよ!

インターネットのウェブサイトはあなたの疑問に正しく答える、
そんな義務で作られているわけではない。
より多くの人に見てもらうためならウソだって何だっていい。

　なにか心配なことがあった時に、とりあえず何かにすがろうとしたら、「まずはインターネットで検索してみよう」って感じになるのが昨今の常識ですよね。

私の個人的な見解で言えば、自治会がテーマの検索結果はたいして「使えない」印象です。

基本的に自治会の話はネタ的にウケるものではないし、若い人が好きそうな話でもない。

ゆえに該当する件数が少なくて、どちらかというと苦労話ばかり。決定打も確実性もない。

それができれば苦労はしないよ！的なことが多い。と、そんな感じかしら。

あげくの果てには「お困り事があったら自治会に相談してみましょう」なことが書かれていたりして、余計に気が重くなったりする。調べ始める前よりも心配事が多くなる（笑。


　最終的な「答え」を決めて、結果を出さなきゃならないのは私たち自身ですよね。

たとえ著名な人物がその名を出してサイトを作っていたとしても、結局その人は赤の他人でしかありません。私たちの切実な事情なんか知ったこっちゃない、広告収入の方が優先な人間です。そういう可能性を秘めた人たちの出した「答え」に命運を預けられますか？


　そういえば、どこかのウェブサイトで誰かが言ってました。

「活字のこちら側から私があなたのためにできることなんて、他愛のない冗談であなたをクスッと笑わせる、それくらいでしかない」って。

クジ引きはどうじゃった?
あー
た、楽しかったよ
23:06
加入者の減少
自治会がトラブルの原因に⁉
活動を負担に感じる人が増えている
自治会は時代遅れ⁉

第１章　４話　図書館

自治会のことをいろいろ言ってる市役所が管理している市の図書館でさえ、自治会について書かれた本はちょっとしか置いてないんだな。

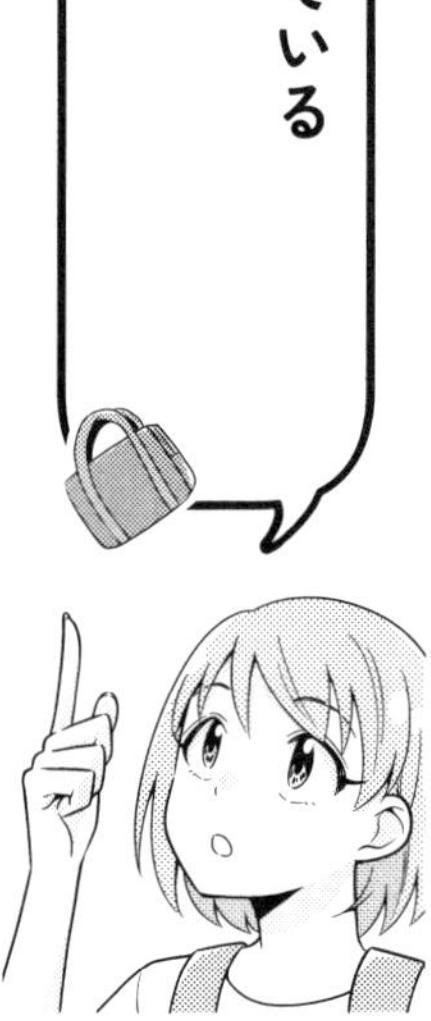

　インターネットで手軽に調べた次は、本屋さんか図書館に行ってみよう！って？

いやいやいや、その発想自体がもう古いと思うんだけどなぁ。

でも、考え事をしながら読むのなら印刷された文字が〝動かない〟本というものは捨てたもんじゃないよって、みどりんは言ってた。科学的に証明されたとかではないらしいけど、人間の目で見えないくらいすごい速さで瞬きを繰り返しているスマホの文字は、目と脳がそれを追いかけるのに忙しくなって、他のことへの集中力を妨げちゃうんだって。

　そんなことはさておき、「自治会・町内会」について書かれた本ってホント少ないねぇ。まるで誰かがイジワルしてるんじゃないか？って思うくらい、ぜんっぜん無い。

どうして？

自治会あるいは町内会ってやつが謎の組織だからかな？（笑。

だって、学校じゃ自治会のことなんてたいして教えてくれないじゃん。都道府県や市役所のことは自治体？って言うんだよね。本のタイトルが似てるから間違えちゃいそうだよ。

　まぁ、やってる事はわかる、なんとなくだけど。市役所で配ってるパンフレットぐらいなら見たことはある。でも、もうちょっと知りたいってなると、この本の量じゃ足りない。情報の量が足りてないから、変な誤解とか謎の組織とか思われちゃうんじゃないのかな？

ああああ
ふわ
ゆうべずっと
スマホで調べ物
してて眠いよ
珍しいわねぇ
放課後
図書館でも
行ってみる？
図書館
私は
法律関係を
あたって
みるわ
ないよー
ない
ない～
なーいーよー
ここに
あるじゃん
!
地方公務員ガイド
解説 地方自治法
自治会99の疑問
自治会ってナン？
ある日の自治会長
えーこんなに
広いのにこんなに
ちょっとしか
ないの？

世の中に出回ってるたいていの本は、それを書いた作者のレベルよりも下のレベルの人たちが読者になるってことをあんまり考えてくれてない。

「本」ってなんだかどれも難しいよね。

私だって全く読まないってわけじゃないけど、小さな文字がぎっしり詰まってて、それが延々と続いてる本はちょっと遠慮しちゃうかな。「入門編」とか「かんたん」とか書いてあるくせに挿絵がぜんぜん無いとか、縦書きなのにカタカナの言葉がたくさん使われてるとか、表紙の雰囲気と中身が違う？みたいな本って、けっこうあるよね。

みどりんから聞いた話だけど、日本語はどれだけ上手に説明しても「難しいことを自慢する」ように聞こえちゃうんだって。それに対して外国の人たちは「どれだけ簡単なことをしたか」自慢して、「そんな簡単なことも思いつけなかったの？」ってバカにすることで評価を得るんだって。聞く（読む）側にしたら、そっちの方が面白いんだけどね。

ところで、みんなは「本」ってどれぐらい読んでるんだろ？

私、思うんだけど、みんながもっと知らなきゃいけない大事なことは、みんながもっと読みやすいカタチで書かれてなきゃダメなんじゃないかなって。子供だけじゃなくて、おじいちゃんやおばあちゃん、マンガばっかり読んでる大人だって、読みたいこと知りたいこと、知らなきゃいけないことって、きっとたくさんあると思う。いい学校を出てないからってだけで、「本」は私たちを助けてくれないの？

ぺらぺらぺら…
びっちり
なーんか難しそうだなー
なんかこーもっとさー
半分マンガでー
子供でもわかりやすくてー
主人公がかわいくて
文章が短くってー
そんなに分厚くなくてさ
見出しがドーンみたいなー
だーよーねー
そんな本あるわけないやろがー
ビシッ

名のある企業が政治運動に傾倒した学生を就職させなかった、
そんな暗い背景が政治について考える若者を激減させた。
政治のことも、地域のことも、いろいろ知れば面白いのに。

次代の担い手は子供達です。「政治の基本はその子供達のためにあるべき」をわざわざ声高らかに言うつもりはありませんが、その子供達に将来の日本を、世界を考えてもらうためには小さい頃から政治にもっと興味を持ってもらうことが大事だと私は考えます。

ところが。テレビで流れるニュース報道はつまらない大人の抗争ばかり。町中を大音量で走る車は選挙の時にしか見かけない。電子マネーで買うオヤツにも税金がてんこ盛り。そんなものを「これが政治だ！」なんて言われたら、深層心理に刷り込まれるように政治に興味を無くしてしまうに決まっています。

法律をひらがなで書けとまでは言いません。もちろん、学校での教育も必要でしょう。ですがそれよりも、一番近くにいる大人がもっと政治に興味を示す、いろんな知見に触れ政治に参加する、それが自然にできる。そんな社会であれば子供達だって政治への関心を自然に深めていってくれるのではないでしょうか。

その最も身近にあって、最も目に付く場所にあり、最も聞こえる声である、そんな小さな政治。それが「自治会」だと私は考えます。

無理強いする必要なんかありません。そこに当たり前にあればいいんです。それが次代に受け継ぐべき自治会の姿だと私は思います。

きのう図書館で借りた本読んでみたけど
文字ばっかで難しくって
ふわぁ〜
眠い…
私も調べてみたわよ
地方自治法第2
町又は字の区域その他
住所を有する者の地縁に基づいて形成さ
以下本条において「地縁による団体」とい
地域的な共同活動のための不動産又は不動産
関する権利等を保有するため市町村長の認可
受けたときは、その規約に定める目的の範囲内
おいて、権利を有し、義務を負う。
2 前項の認可は、地縁による団体のうち次に掲
要件に該当するものについて、その団体の代表
総務省令で定めるところにより
行う。
その区域の住民相互の連絡
あわわわわ ちょっと待って待って それ何の呪文?
ふわ

第１章　７話　近所の神社

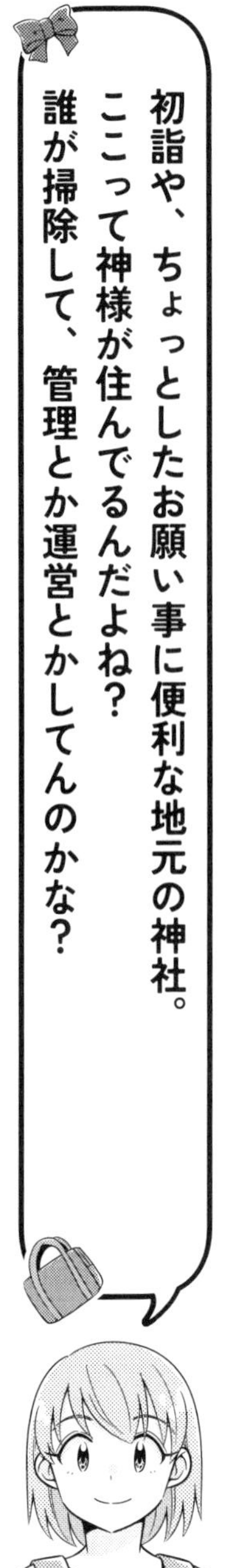
初詣や、ちょっとしたお願い事に便利な地元の神社。
ここって神様が住んでるんだよね？
誰が掃除して、管理とか運営とかしてんのかな？

　神様が本当にいるとは思ってないよ。宗教に入ってるとか、信者になったつもりもない。でも、神社に行ったら手を合わせるし、鳥居をくぐったら背筋をピンとして厳かな？気分になったりもする。それは近所の小さい神社でも、有名な大きい神社でも同じ。海外の異文化の人たちから見たらそれって変なことなのかもしれないけど、渋谷で遊んでる友達だって私のこと「変だ」とは言わない。笑っちゃうくらい当たり前なことだから。

　もちろん、「おじいちゃんが自治会長をやらなくてすみますように」って拝んだら、神様がお賽銭の額に応じて速攻で何とかしてくれるとは思ってないよ。高校の合格祈願もここに来て拝んだけど、それなりに勉強したからみどりんと同じ学校に行けた、はず（笑。

　何かを解決するためとか、何かを変えてもらうためにここに来てるわけじゃない。「見守っててもらう」って感じかな？うまく説明できないけど。誰かにわざわざ報告したりしないような成果とか、そこまでの頑張りとか、こっそり思ってた希望とか欲望とか。悪いことも良い行ないも知ってる・知っててくれる友達？みたいなもんかな。

　でも、友達と違って神様は自分で家の掃除とかしないよね。従業員みたいな人がいない町の小さな神社はいったい誰がどんなふうに面倒を見てるのか、自分たちが住んでる町のことなのに私は何も知らない。自治会のことをよく知らないのと同じ、なのかな。

どうか
おじいちゃんが
自治会長に
ならなくて
すみますように…
──その願い
聞き入れたぞ──

第1章　8話　引き継ぎ

「分からない事があったら前にやった人に聞いて」そのいいかげんな引き継ぎ方法に頼り切っている組織ほど人間関係がいいかげんで脆い。

　これからやる仕事の全てが順を追って分かりやすく、文字よりも写真やイラスト重視で想定外の対応まで含めてきちんとガイドマニュアル化されていて、仕事の総量が明確にされているとするなら若い人は自治会役員の仕事を素直に引き受けてくれるでしょうか？たとえそれが確実にできていたとしても、引き受けてくれる人はなかなかいませんよね。だからこそ、です。だからこそ、それは最低でもやっておかなければならない事なんです。命令書みたいな申し送り状や過去の活動記録の参照でなんとかしろ！なんて、絆や地縁を食い潰すようなこと言ってるから、後継者不足が板に付いちゃったんじゃないんですか？

　分かりやすいマニュアルを作る、これもなかなか大変なお仕事です。各地域ごとにやる事もやり方も違うものですから、行政でまとめて作ることもできません。地域内の誰かが「ご厚意」で作りでもしない限り、これも結局、過去の誰かのせいでしかないんです。

　ぶっちゃけて言えば、自治会の仕事は全部「厚意」です。お給料でむりやり働かされているわけではありませんし、ペコペコ謙《へりくだ》ってお願いしてやってもらうものでもありません。確かに、事務的な仕事も多くて大変な役目ではあります。それを気持ちよく次の人に引き受けてもらう、そのために必要なのは結局、誰かを思いやる気持ちなんだと思います。これからマニュアルを作るなら、その辺の「心の話」も書いておいてあげてくださいね。

ごめん
おじいちゃん
実はこれこれ
こーゆー
わけで…
そーかそーか
えーんじゃよ
ところで
自治会長って
何する仕事なの？
う〜ん
ワシもよく
知らんのじゃよ
はははは〜
まあ
なんとか
なるじゃろ
前の人にでも
聞けば
ふ〜ん
ところでさ…

ところで
その子、誰？
へ？
いや…その、
最近の芸人ならゆいの方が詳しいじゃろ
じいさまには見えておらぬ

サーーーッ
ワシの姿が見えるのはおぬしだけじゃ
ゆ、ゆうれい？
わはは
幽霊のネタだったのかこりゃおかしい
そんな低俗なものではないぞよ
先ほど神社でお願いしておったじゃろう
自治会長にならなくてすみますよ
「どうかおじいちゃんが自治会長にならなくてすみますように」と
げっ

その願いを叶える方法を教えに来てやったのじゃ
かみさまなの?
おぬしがそう思うのならそうじゃろ
自治会長とやらはおぬしがやったらよかろう
は?
おぬしが自治会長をやればおじいちゃんは自治会長をやらずにすむぞ
あーなるほど
ってかいやそれは…
面白いのぉ

じいさまもそう言うておる
いや言ってないし！
お茶でも煎れるか
嫌か？
嫌とかじゃなくてそんなのできないよ
ワシの力を信じておらぬのか？
だってかみさまじゃないんでしょ？
大丈夫じゃ
1人でやれとは言うとらん

良い縁は結んでやる
な……

なによ それー
にま,
ちょ ちょ、
では 任せたぞよ
ガラ
がんばれな
ちょっと 待って…？
え～
なんだった …の？
ん？
なんか あったのか??

ゆい
お皿出しといて
ほいきた
いやいや
普通にいるし…
見えて
ないいんだよね？

就任

第二章　就任

たいして
面白くはないぞ
自治会なんて

わたしも
一緒に行くよ

いーよ
だって私がクジ引いたんだし…
大丈夫
なんとかなるって
ざわ
ざわ
ざわ
ざわ

ご近所さんといっても顔と名前が一致しない人は多い。
名前が分からない人には話しかけにくいし、間違えちゃったら
大変だ。そう思ってるのは、いつも自分だけじゃろか？

　歳をとると、人の名前を覚えているのがだんだん難儀になってくる。見知った人でも、ちょっと顔を合わせなかっただけで「当たり前過ぎて名前が出てこん」になったりするから困ったもんじゃ。きっと脳細胞がもうダメになっとるんじゃろうなぁ。

　これは決してワシだけの願いではないと思うんじゃが、みんな名札を付けてくれんかの。大きくて目線をさほど動かさないでも読めるくらい、はっきりしたやつがいいのぉ。そうすりゃあ、ワシだって…ワシだって、何じゃろな？もっと自然に話しかけられるのか？もっとみんなと打ち解けられるのか？同じ話題で盛り上がったり、みんなで笑ったり協力できたりするんじゃろうか？名前で呼べないから遠慮してしまうのか？名前を知らんから疎外感を感じてしまうのか？そして最後にゃ「名前が分からないからもう一緒にいたくない」そう思ってしまうのか？

　確かに、名前を間違えること、覚えていないことは大変な失礼にあたる。それが原因で関係が悪くなることを恐れて、そこから逃げたくなる気持ちも分かる。なら、どーせ近所の繋がりも希薄になったこのご時世。いっそ名前で呼ぶのはヤメにして、おじさん・おばさん・にいさん・ねえさんでもその呼び方は失礼に当たらないですよと、そんなルールを作ってしまった方が、若い人も入りやすくなっていいんじゃなかろーか？

あら
ゆいちゃんも きたの
じいちゃん だけじゃ 心配なんで
あら、えらいわねー そのまま会長も ゆいちゃんが やったらいいのに
そうしちゃおうかなー、クジ引いたの私だし
…
ねぇ
なんちゃって ははは
今の言葉
本気にしても いいの?
え?
えっと、じいちゃん、この人、誰?
ワシに分かる わけなかろう~

高校生の女の子にできないようなことは、たいていの大人にもできません！

自治会長は大人でなきゃダメ、なんてわざわざ規定している自治会はあるでしょうか？少なくとも私の住んでいる地域の規約や、行政が見本として示している規約の例文などにそんな文言は見当たりません。もちろん、前述の地方自治法第２６０条の五～十辺りにも代表者の年齢については何も書かれてはいません。

出てくる結果に問題が無ければ、それが絶対にダメな理由なんてないはずです。不可能をアラ探しするより先に考えなければならないのは「結果に問題が無い」をいかにして作るか？ですよね。

確かに、自治会といえどそれなりの責任を伴う会長職は高校生には荷が重い、かもしれません。ですが、それは大人がやったって同じこと。高い野心で政治の道を志すくらいの人間でもないのなら、それはどうしたって荷が重いと感じるに決まっています。

果たして、自治会はそんな組織ですか？そんな重い責任を伴う難しい組織ですか？「役員」という肩書きの人に仕事を強要する、そんな窮屈な組織ですか？

もし、高校生の女の子にも務まるくらい自治会長の仕事を簡略化することができたなら。責任や負担を分散・軽減することができたなら。システムを単純強固にできたなら…。

「そんなことを考えてはいけない」、そんなルールも規定されてはいないはずです。

以上で本年度の活動報告を終わります
次に、次期役員の紹介と引き継ぎに移ります
はいはいはーい！提案がありまーす！
次期会長は3班の早池さんと決まっているよーですがどうでしょう、
ここはお爺ちゃんではなく、同じ早池家の娘さんの方に任せてみるのは
ざわっ
えっ！
これか⁉かみさま言ってたの？
なりゆきに任せておけば大丈夫じゃ、たぶん
はっ
ざわ
ざわ
ざわ

『年功序列』、それが良い習慣か悪い習慣か決めるのは、上の人間がどれだけ積極的に責任を取るか否かによる。

「何かする時は前任の会長さんに」とか「口うるさいあの人にひと言入れないと」とか聞いたことのない話ではありませんよね。地域を愛するがあまり、あれやこれやと言いたくなる気持ちも分かりますが、そんな人達の存在が自治会を「めんどうくさい組織」に変えてしまっていた。実際にそういう人がいる・いないに関わらず、そんな風潮があってイメージが悪くなっていることは確かです。自治会に限った話じゃありませんけどね。

最近のトレンドは、そういった面倒臭い人間関係からは逃げろ、逃げてもいいんだよと優しく逃げ道を作ってあげるのが常識みたいです。そのおかげで自殺者は減り、精神的に弱い人達も安心して暮らせる優しい世の中になりました…って、本当でしょうか？

無理して戦えとまでは言いません。耐える事が正解でもないでしょう。ただ、考えることさえしないで、全ての人との関係を断つようなやり方で弱さを露呈すれば、悪意にさえ勝てなくなる。逃げ道を語ったその人は未来の身の安全までは保障してくれないでしょ？

自身の至らなさまで含めて、考えを巡らす事は無駄ではありません。苦悩を誰かと共有するだけでも進歩はあります。そうやってちょっとずつ何かを変えていければいいんです。

オマケの私見ですが、トレンドに便乗して逃げることを選択したフリをしている人達に、意図の有無に関わらずそこに残って戦うことを選んだ人を笑う資格は無い、と思います。

とりあえず、ここは長老のご意見も伺ってみないと
前会長
ワシが若い頃には
うんぬんかんぬん…
●●●●●●●●●●
あ、あのおじいさんの言ってること、よく分かんなくて…
んー、つまり、何があっても自分は責任は取らないよってことでしょ
大丈夫
その責任とやらは私が取ってあげるからなんとかやってみない？私がちゃんと応援するから
はぁ…

第２章　４話　自治会長やってみた

なんとか長という名前の「役」は殿様でも王様でもありません。
ここにありきの旗を持ち、目的地を指して先頭を歩くだけです。
それが露払いのような雑用をしていれば組織全体が迷走します。

「会長は雑用係みたいなもんだ」とボヤく自治会長さんは日本全国にいっぱい居ます。何だかんだとやる事は多く、あれこれ受けたり送ったり。文書を作って印刷・コピー、仕分けも配布も全部やる。「誰かに頼むくらいなら自分でやる方が早い」とか言いながら。

しかし、これが組織を弱くするということは王道の基本のキとして知られています。それは王様を頂かない自治会のような組織でも同じこと。もしもあなたが「自治会長は雑用係だ！」なんて思うのなら、早急に会長職と雑用職を分けるべきです。

もちろん、それが易々とはいかないことはわかります。昔からずっとそうだったとか、小規模の組織で役員に余裕はないとか、そんなことを考えている暇は無いとか、いろいろ難癖つけてみんな自治会長に押し付けちゃいたい…そんな感じじゃないでしょうか。では、ここで質問します。自治会長のお役目を輪番制を敷いたりしてまで多くの人に体験してもらう、バトンタッチしていく、それはいったい何のためでしょうか？

その答えが分からなくても構いません。でもこれ以上、その台詞は言わないでください。「自治会長は雑用係みたいなもんだ」そんな嫌な話を聞いたら、誰も自治会の役員なんかやりたくないって思うに決まってるじゃないですか。断られる理由を自ら与えておいて「後継者が居ない」とか嘆かれても…ねぇ（笑。

雑用的な事は
おじいちゃんとか
私で分担するし
学校の勉強とか
部活とかに
影響するほど
大変な事は
ないと思うのね
きっと面白いと
思うんだ
いろいろと…
う〜んっ
うーーん
いや、
いいです
なんとなく
こうなる
んじゃ
ないか
なぁって
予感も
あったんで…
じゃあ、やる?
う〜ん
…う
はい
ありがと

第2章　5話　縦割り行政

規約という名の約束事を自ら制定できる権利を与えられることで高度な自治権を認められたかのように見えてしまうが、少し高い所から見下ろせば子供のごっこ遊びにしか見えぬ。

自治とは何じゃ？自ら治めると漢字では表しようがその正体は何じゃ？それをまともに答えられる者はおるのか？それを胸張って皆が納得できる形で説明できる者はおるのか？その答えが何なのか、ワシにも分からん。興味も無い。じゃが、腹が立つのはその自治しうる権利を神の如く上から与えて偉ぶっている、そういう輩が存在するということだ。

そ奴らの言うことはこうじゃろう？その神の如くふるまう連中の作った決まり、その範囲を超えない所までという条件を付けて、自分達の「規約」を作ることを許そう、と。それを行使する権利を与えてやろう、と。名簿を作って名前を連ねる権利も、土地に線を引いて代表を立てる権利も、掃除をする権利も、助け合う権利も、等しく与えてやろうと。それのどこが「自治」じゃ。与えられた権利を黙って享受しておれば何かもらえるのか？そのもらえる物を満額でもらうために、「自治」を名乗って大人しくそれに従っておると、そういうわけか？なるほどな、それなら合点がいく。それで納得しているのならな。

腹立たしい事は他にもあるぞ。その神の如くふるまう連中が政《まつりごと》の場を退いた後に会社とかいう組織にコソコソ隠れる時に使う「天下り」という言葉じゃ。それは神だけが使える言葉じゃぞ。ほとんどのそれは悪い事をする連中がやる事であるのに、そ奴らに神聖さを与えるような言葉を使うでない！そんなのは「裏口入社」とでも呼んでおけ（怒。

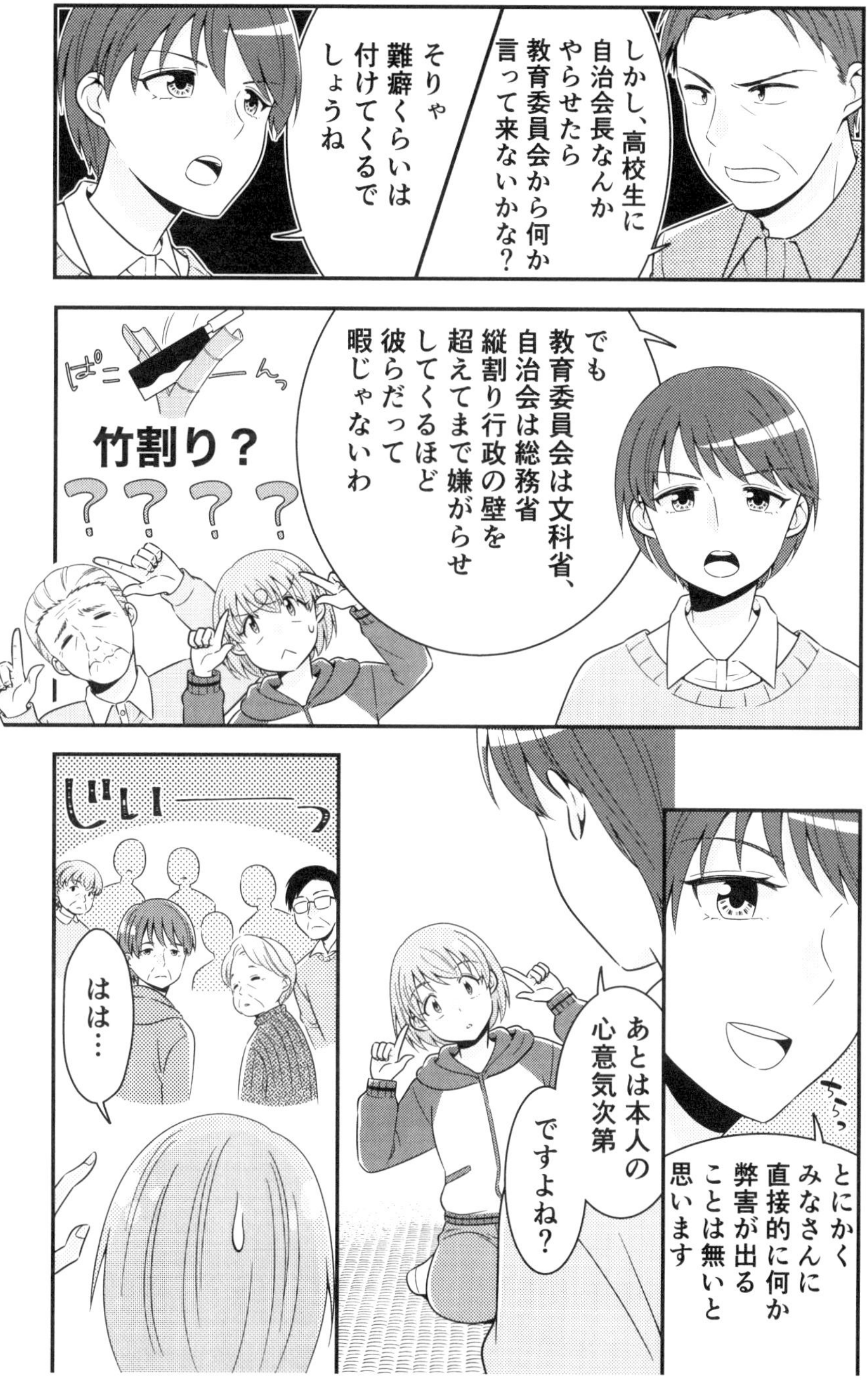
しかし、高校生に自治会長なんかやらせたら教育委員会から何か言って来ないかな？
そりゃ難癖くらいは付けてくるでしょうね
でも教育委員会は文科省、自治会は総務省縦割り行政の壁を超えてまで嫌がらせしてくるほど彼らだって暇じゃないわ
竹割り？
？？？？
とにかくみなさんに直接的に何か弊害が出ることは無いと思います
あとは本人の心意気次第
ですよね？
じぃーーーっ
はは…

「自治会長は平日に会社を休まなければならない」こういった悪いウワサを徹底的にくつがえさなければ、地域活性の良い活動は全て空回りに終わる。

それを口実にして会社を休みたい人は、そうすればいいんじゃないですか？

「いやー、子供が急に熱出しちゃって」と同僚に話すのが何かのステイタスみたいに自慢してくる人っていますよね？結局、それと同じです。

自治会の仕事で平日に休みを取らなければならない状況は、お役所の努力と周りの組織の協力によってどんどん改善されています。おかげさまで。

なのに、その事はあまり知らされず、何かを自慢したい人の愚痴だけが悪いウワサとして世の中には広まりまくっている。いろんな所でいろんな人が頑張っているのに、それが虚しく空回りしてしまうのは、そんな勘違いの結果としか言いようがありません。

「悪貨は良貨を駆逐する」という諺《ことわざ》の通り、良い話は悪いウワサに負けてしまうのです。

行政も一生懸命、福祉の名の下で様々な活動を実施・支援しています。お役所や図書館などに山のように陳列されているパンフレットの束は、その象徴とも言えるものです。

行政が後押ししている以上、社会にとって良いモノだということは分かると思います。でも、それがきちんと機能しているか、簡単には「分からない」ですよね。その空回りしている感じが「税金の無駄遣い」という悪いコトバを想起させる原因ではないでしょうか。

そんな「悪いウワサ」を覆す「何か」が無ければ自治会活動も一緒に共倒れ、ですよ。

ざわ
お役所に行ったり、郵便局に口座名義の変更にも行かなきゃなんないけど、学校とか休めるの？
えーっと？それは無理かもー
ざわ
お役所に用事があれば私が代わりにやったげるわ
すっ
口座の名義なんかお爺さんにでもしておけばいいでしょ身内なんだから
仕事分担
その爺さんが死んじゃったらいろいろ面倒だぞ
それは誰がやったって同じです！お爺さんだから死ぬ確率が高いとは限りませんよ？
わしゃまだまだ元気だぞい
じいちゃん無理するとまた腰やるよ～
しょーがない、なりゆきにまかせてみるか
ちょっとムカつくけど
にへっ

もちろん、会計の仕事だっていろいろめんどうくさい。その仕事を一人に集中して任せるのは、もし不正や間違いが起きた時にその責任を集中させる、そのためなの？

会計の仕事は大きく分けて３つ。

「お金の管理」と「銀行へ行く」と「会計報告を書く」。

お金の管理は通年の仕事で責任もあるし、子供任せにはできない。学生だと平日に銀行へ行くのは難しい。そこで私が引き受けたのは「会計報告書を作る」仕事。

ぶっちゃけ、手書きで書かれた下書きをパソコンの表計算ソフトに入力して清書するだけだから簡単よ。雛形のフォーマットだってネットを探せば無料でいくらでも落ちてるし、数値計算はパソコンが間違いなくやってくれるし、なんなら総会の時にみんなの前で発表するのだってボーカロイドが代わりにしゃべってくれたりもするんじゃないかしら？

それ、私にしかできない仕事じゃない。ちょっとパソコン使ったことのある人なら普通にできる。銀行へ行くのも「平日に家に居る」ってスキルがあればできるコトでしょ。

問題は、できる人たちの中の誰がその仕事をやってくれるか？ですよね。

単発の仕事ならアルバイト感覚で人員を募集すればいい。ある程度できそうな人を事前に把握しておいたっていい。仕事を分担することもうまくやればいいと思う。

確かに、お金の絡む役割ゆえに不正を心配する声もあるかもしれない。

でも、はじめから疑心暗鬼じゃ誰にもどんな仕事も任せられなくない？

会計
はぁ、会計の仕事も誰かやってくれないかしら
あ、なら、みどりんに頼んでみよっか?
え! ホント?
……
こらこら、めったなこと言うもんじゃないわ!
何でも代わりが居るとわかったら誰もやらなくなっちゃうでしょ
で、ですよね
ガラッ
参上しました
み、みどりん! どうしたのこんな所に
ザわ
ザわ
あんたんちの前を通ったらじいちゃんみたいな格好をした女の子に言われたのよ
ほっ
ほっ
あー、あいつか…

たいていの約款や法律は弱者を救うためではなく、悪い奴がそれを悪用した時に誰かが損をしないように作られている。その「誰か」とは、あなたには関係も面識も縁もゆかりも無い。

　確かに、地方自治法２６０条の二から四十までの条文は自治会について定めている唯一の法律です。逆に言えば、それ以外の法律に自治会についての記述は一切ありません。

　その、法律が言うんです。

不動産を持てるくらい大きくて強い、お役所でそれを申請できるくらい賢い自治会は、義務さえ守れば認可地縁団体として権利を有すにしてあげますよー、って。

「へぇーそうなんだー」と思うのと同時に、「ちょっと待ってよ！」ですよね。

じゃあ、それに該当しない弱くて小さな自治会は、どーすればいーんですかー？

それについては何も書かれていないんです。最初の条文でフルイにかけられて、最後の四十番まで読むのが虚しくなるほど、弱小自治会については全く触れられていない。

　これって、ある意味面白いと思いませんか？「自治会についてすごい法律ができた」なんて鳴り物入りで宣伝してるのに、実際は一部の人達しか恩恵を受けられていない。法律の全部を知っているわけじゃありませんが、身近な法律でさえその程度では他の法律も大丈夫か？って思っちゃいますよね。

　まぁ、そんな話はさておき、子供だからの疑問をひとつ。

自治会を法人化して不動産登記ができたりすると、自治会への加入率は上がるんですか？

会長が代わるたびに郵便局の名義とか変えるのは大変だよな
自治会で法人格が取れるようになったと地方自治法には書いてありましたが
自治会
早池ゆい
法人格
代表個人名
どっちでもOK
地方自治法
どうなんでしょう
それは自治会で不動産とか持ってる場合だけですよ
BANK
OK
NG
法人格なし×
ただの自治会
不動産などあり
法人格あり○
土地や
建物
預金口座の名義とかにも使えるようですが、法人格を取る労力に比べたら現状の方がずっとマシです
石上さんってそーゆーの詳しいですよね？
ちょ、ちょっと知ってるだけよ

「自治会長さんからひと言お願いします」って振られて気の利いたことをドラマのセリフのようにスピーチする。どうしてそんなシーンを理想だと考えてしまうのでしょうか？

私がある機会に聞いた、どこかの自治会長さんの就任スピーチを紹介します。

私はコミュニケーション障害、いわゆる、あがり症の恥ずかしがり屋さんです。だから、こういった人前で話すとか面識の薄い人と話をするとかは大の苦手です。はて？こんな私はレアケースでしょうか？　私のような難有りな存在は稀でしょうか？　私はそうは思いません。政治家や起業家を目指している人でもなければ、大抵の人はこういった事は苦手でしょう。できれば避けて通りたい、こんな仕事が回ってくるのならこんな組織になんか入るんじゃなかった、そう思っていることでしょう。

自治会を辞めた理由も、自治会に入ってくれない理由も、案外そんなもんです。

大人のくせに人前でまともに話せないなんてとか、そういう古い価値観に阻まれて何も変えてこなかった。それが自治会の加入率を下げる一因になっていたって思いませんか？

行政は具体策も示さずに加入率を上げろ上げろとか言いますが、実際やらなきゃいけないことは実はもっと簡単で小さいところからなんじゃないでしょうか。ねぇ？みなさん。


って、この人、ものすごーく流暢に堂々とスピーチしてましたよ（笑。

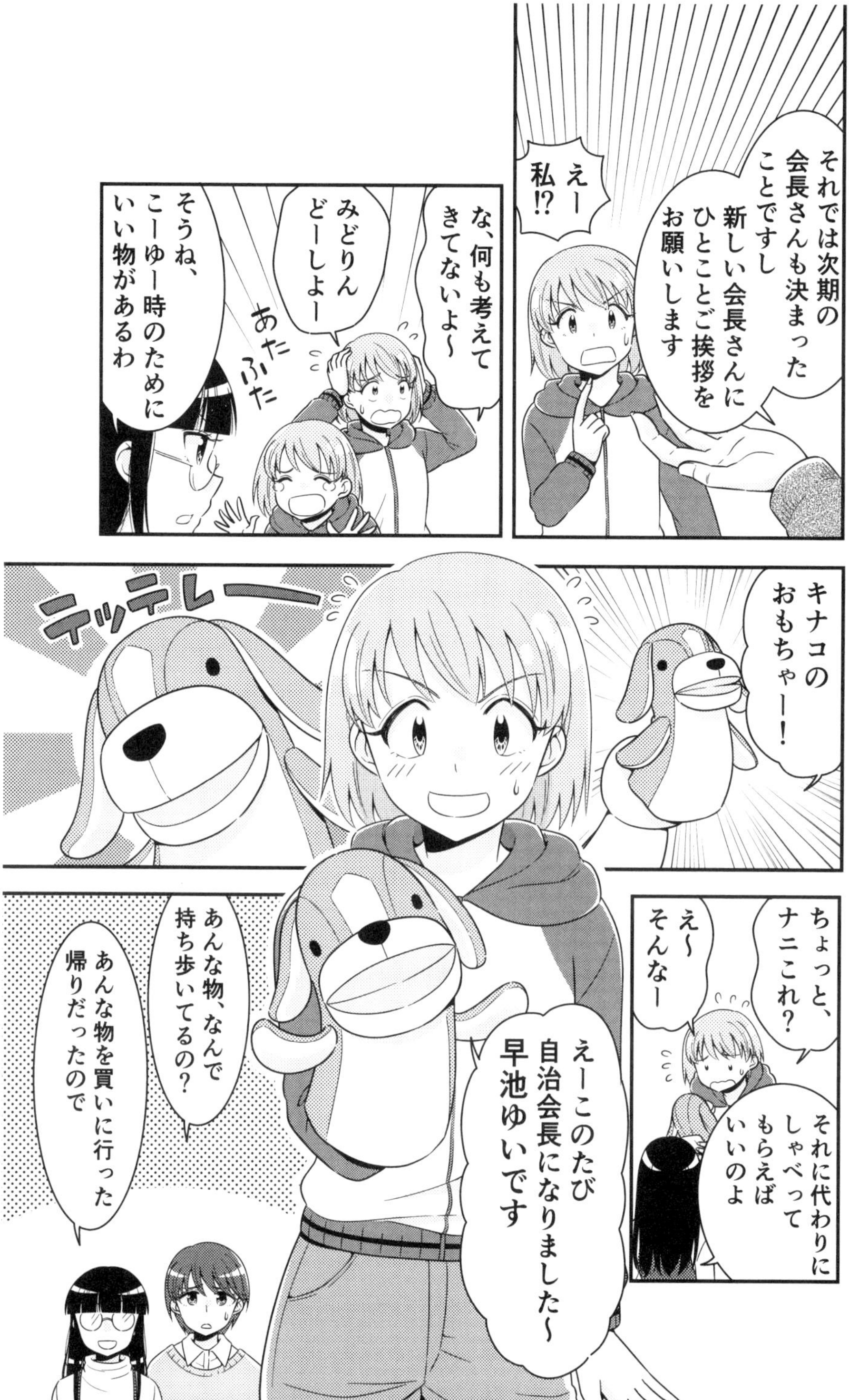
それでは次期の会長さんも決まったことですし
新しい会長さんにひとことご挨拶をお願いします
えー私!?
な、何も考えてきてないよ～
みどりんどーしよー
あたふた
そうね、こーゆー時のためにいい物があるわ
キナコのおもちゃーー!
テッテレーー
ちょっと、ナニこれ?
え～そんなー
それに代わりにしゃべってもらえばいいのよ
えーこのたび自治会長になりました～早池ゆいです
あんな物、なんで持ち歩いてるの?
あんな物を買いに行った帰りだったので

第2章　10話　ボランティア

「自治会からボランティアを○○人出してください」
自主性を否定したボランティアを持続可能にさせるのは官民連携の美しい結果ありきで仕事する、行政の「見栄」。

これを言ったら、行政含めたいろんな地域活動が支障をきたしてしまうかもしれません。中には、やる気満々で貢献したくて機会を探していた人もいるでしょう。実際に目に見えるほどの成果を出して、地域に受け入れられている活動だってあるのも知っています。もちろん、「民間の協力無くして地域の行政は成り立たない」そう言わざるを得ない実状も理解はしています。それが大事な物だということは誰もが理解しているはずです。

では、何故?その変な、反対の言葉をムリヤリ合体させた表現を使うのでしょうか?

「ボランティア」は、「自分から進んで社会活動などに無償で参加すること」です。それを、ノルマの如く人数を指定して「出せ!」と言うのは理に適っていない、ですよね。そんなやり方で集められた人が喜んでその活動に協力してくれると、真面目に取り組んでくれると思いますか?仕方なく嫌々で参加させられて、かわいそうだとは思いませんか?

そーゆー活動に限って、中間の管理組織がいい加減だからすぐに分かります。上の行政から命令されて嫌々やってるなって、そんな感じが下まで透けている。責任転嫁ばかりして融通が利かない。横の繋がりが薄いので従来通りを堅持して改善には消極的。ボランティアの報酬としてペットボトルのお茶が配られる。そんな旧態依然な組織ですよ。

体裁を装う地域貢献の怪。その末端に自治会を配して演じさせるのはやめて欲しいです。

はい、お茶もってってね
？
これは、タダでいただけるんでしょうか？
ええ、いつも配ってるけどせっかく来てくれた、御礼？みたいなもんかしらねぇ
私はマイボトル持ち歩いてるからいりません
あらそう？
ですよね
これはヤメちゃってもいい習慣だと思いますよ
お金もかかるし
それにペットボトルは海洋プラスチックの問題とかもありますよね！
結局、これも行政の真似事をしてるだけなのよ
参加の報酬をこんなお茶一本で済まそうってセコイ魂胆よね
何があったお姉さん

第２章　11話　過去の遺産

「とりあえず」「念のため」「もしかしたら」
そんな言葉で保管されている物に明るい未来なんかあるわけない。

お片付けの話になると決まって出てくるあの言葉、「断捨離」。これって元々はヨガの用語なんだって。入ってこないように遮断する、不要な物を捨てる、固執した事柄から離れる、その三つを合わせて断・捨・離ときたもんだ。

さてと、自治会の備品やら書類やらごっそりもらったけど、どーしよコレ。書類とか、どこからどこまでが重要なのか、捨てちゃダメなのか、さっぱりわかんない。使える備品？もう使わない備品？また買えばいいじゃんとかって思ったりするけどなぁ。

これ、私がやらなかったら、そっくりそのまま次の会長さんに引き渡されていくんだよね？たぶん。ヨシ、そうならないようにこれは全部、埋めちゃおう。庭に。おじいちゃんちの庭だったら掘りやすそうだし、誰も掘り起こさないし。ヨシ、埋めよう。そんでもって、この先3年くらい、どーしても必要ってならなかったら、捨てる。

一応、どんな物があったかのリストだけは作っとかないとね。それと、この先また出てくる自治会の備品とか書類とかは「いつ捨てるか」・「いつになったら捨ててもいいか」をちゃんと決めてから保管する。もし使ったら、そこから再計算。そんなルールを作っとけば大丈夫じゃね？

よっこいしょっと
ななな、なんじゃこの大量の箱は
ドサッ
引き継ぎでもらった、書類？
古い紙ばかり集めてどうするつもりじゃ、まったく
こんな物を置かれては私の居場所が狭くなるわい
かみさま、ここに住むの？
なんじゃ悪いのか？
でさ？この子、誰？
にしししし っ

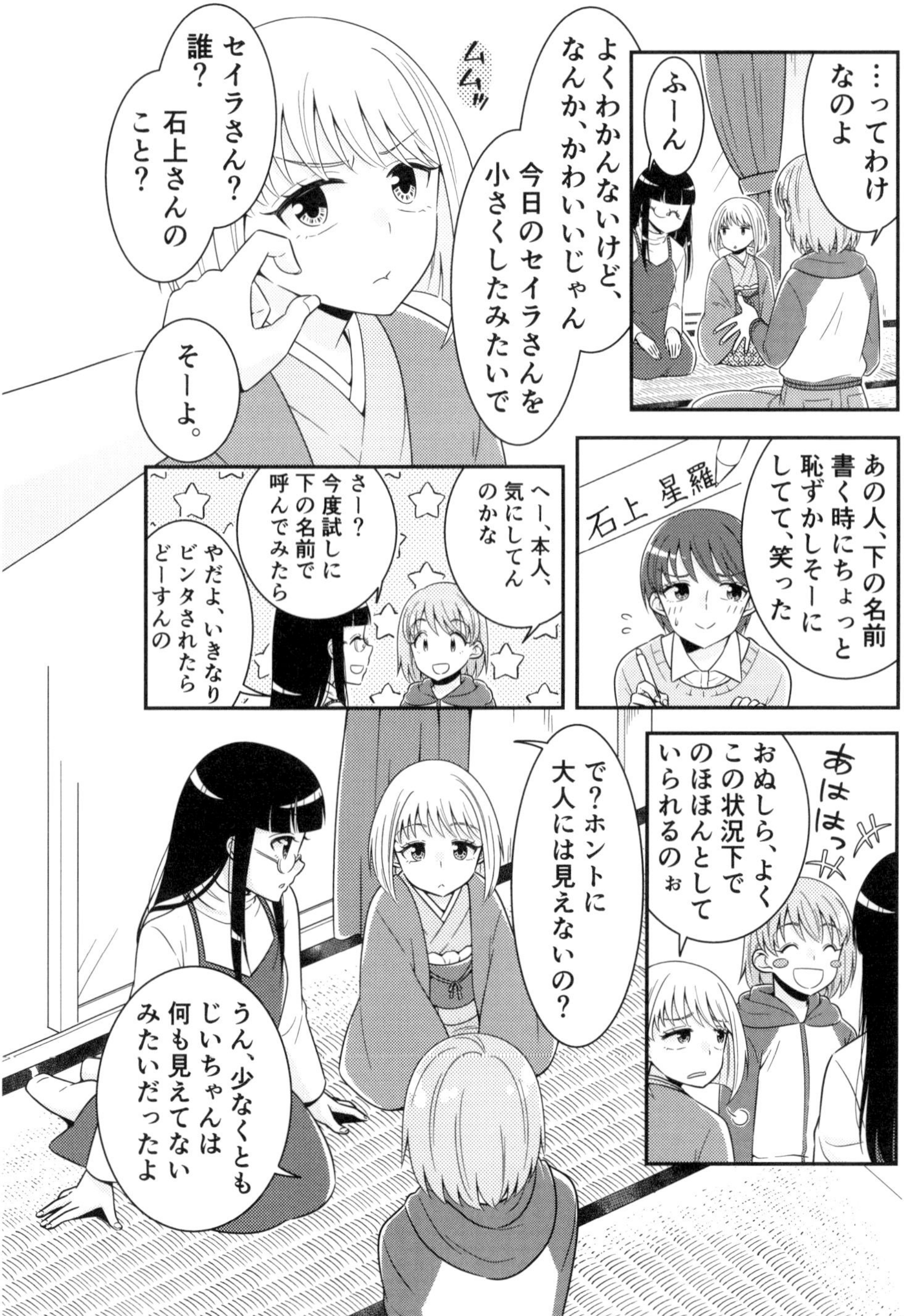

…ってわけなのよ
ふーん
よくわかんないけど、なんか、かわいいじゃん
今日のセイラさんを小さくしたみたいで
ムムッ
セイラさん？誰？石上さんのこと？
そーよ。
あの人、下の名前書く時にちょっと恥ずかしそーにしてて、笑った
石上 星羅
へー、本人、気にしてんのかな
さー？今度試しに下の名前で呼んでみたら
やだよ、いきなりビンタされたらどーすんの
あははっ
おぬしら、よくこの状況下でのほほんとしていられるのぉ
で？ホントに大人には見えないの？
うん、少なくともじいちゃんは何も見えてないみたいだったよ

お？
ふーん、座敷童子だっけ？そんな話じゃなかった？
すとん
えー！それならウチがすごいお金持ちになったりするのかな？
さー？ねね、どーなのかみさま
ねーっねーっ
知らん
そんなもんはガメつい人間が考えた与太話じゃろ
まじめに勉強してバリバリ働け！
夢のないかみさまだねー

ザシキワラシ（二）
　「郷土研究」第二巻第六号大正三年八月刊

明治四十三年の夏七月頃陸中上閉伊郡土淵村の小学校に一人のザシキワラシ（座敷童）が現れ、児童と一緒になって遊び戯れた。ただし尋常一年の小さい子供らの外には見えず、小さい児がそこにいる此処にいるといっても大人にも年上の子にも見えなかった。遠野町の小学校からも見に往ったが、やっぱり見た者は一年生ばかりであった。毎日のように出たという。

柳田國男『妖怪談義』より抜粋

第三章　最初の仕事

最初の仕事

自治会の年会費、金額の多い少ないは問題じゃない。どちらかと言えば「会費を払う義務を負わされてる」感がイヤだ。って、お母さんが言ってた。

流行りの物でクラウドファンディングって手法があります。インターネットを使ってより多くの人から融資を募る方法なんですが、面白いのは目標金額の表示があること。最低でもこのくらい欲しいでーす、それ以上集まったらうれしいでーす、みたいな。

自治会費の集金もそんな感じでいけたりしないかな？

だいたいその年に使いそうな予算は見当がつく。突発的な出費が重なっても、その都度賛否を問う形で追加の集金をすればよいし、漫然と貯まる一方の繰越金を軽減もできる。なにより、その位置付けはあくまで有志による寄付金であり、完全強制よりゆるく、集金が無いと言うわけでもない。払いたくない人を許容できる寛容さを示すこともできる。とは言え、自治会についても少しでも理解のある人、地域の活性を少しでも考えてくれる人なら、少なくとも従来と同じかそれ以上はお金を入れてくれるんじゃないかと思います。発想の逆転かもしれませんが、自治会費の意義を考えてもらう機会になれば幸いですよね。

自治会費は年貢の取り立てじゃありません。相応の対価を求めるのも違うと思います。自分たちの住んでいる地域を良くしてくださいっていう誰かの気持ちが姿を変えた物です。確かに、何かのパフォーマンスを考えたら効率の悪いお金かもしれません。でも、ガチガチに複雑化した「税金」システムに比べたら、よほど分かりやすい公金だと思います。

こんにちはー
ん？
○班の会費です
おじいちゃん、こうやって各班の班長さんが集めた会費持ってくるから
受け取っといてね
せ、責任重大じゃな…
金額は問題じゃありませんよ、おじいちゃん
これはこの地域に住んでる人の地域に対する
愛の証
みたいなものです
あわわわ
余計なプレッシャーかけてますけど

第３章　２話　お金ください

古くからの慣習とか、他所もやってるからとか、その手の理由しか用意していない集金は、もはやただの詐欺と同じ。

　お金が集まってくると、それを嗅ぎつけてやって来るのが「寄付金」や「協力金」、各種募金の要請や、上方組織への「上納金」の徴収です。自治会が存在しない地域も同じ市内にある事を考えると、絶対に払わなければならないわけではない、つまり強制力は全く無い、「厚意で払っている」というレベルのお金です。とは言え。これを払わないと見えない未来を人質にされる可能性があったりもしますし、放っておけば住人から疑問の声が出てきたりもするわけで、端的に言って厄介な支出です。ならば、発想をぐるっと回してみてはどうでしょうか。一年間ぐるっと回すんです。「その年の資金から払う」のではなく「余ったお金を寄付に回す」と考えてみるんです。余らなかったら次の年のそのお金は払えない。払う時になって急に値上げだと言われても対応できない。お金を入れてくれた住人全員の同意がなければ勝手に払ったりできない。何かあったらもう払えないんです！原資は「住人の地域に対する愛情」なんですから！まぁそうは言っても、急に「払えない」なんて言ったら怒られるに決まってますけどね。

　ちゃんと考えれば、それも地域のために使われるお金の一種です。でも、そうではない可能性だってあるかもしれません。素人にそれを見破る能力が果たしてあるでしょうか？古臭い方法で集められたお金は古臭い体系の古臭い慣習に使われる、そういうもんでしょ。

ガララッ
ゆいが居ない時に
なんとかの集金とか
いうのが寄付金
集めに来たから、
ワシの
お小遣いで
立て替えて
おいたぞぃ
え!?
そーゆーの
勝手に払っちゃ
ダメです
ヤバイ詐欺
だったら
どーするん
ですか!
いやー、毎年
自治会から
募金しとるって
聞いたからのぉ
他所もやっとる
って言ってたし…
ちょっと
あんたんち、
オレオレ詐欺とか
大丈夫なの?
自信がない
ですぅ…
しゅーん

第３章　３話　街路灯

当たり前だと思っている町の灯りも誰かが電気代を払っている。
太陽のように無償で光を与えてくださっている、
そんな神様みたいな電力会社なんてあるわけないじゃん！って話

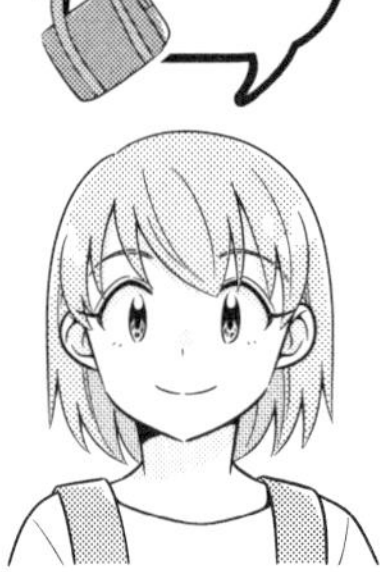

　道路に立っている電信柱に生えている街路灯、これが誰の物か知っていますか？

もちろん公の道路にあるものは国や市町村が管理して電気代は税金から支払われています。

それ以外の場所、個人の敷地や共有私道にある街路灯は自治会が管理と電気代の支払いを行なっています。防犯が目的なので補助金も出ていますが、基本は自治会の所有物です。

と、みどりんからの受け売りでばばばっと説明したけど、ちょっと疑問があるよ。

「自治会が電気代を払ってる街路灯」で、町は明るくなって夜道も安心して歩けるよね。

でも、その恩恵を受けていいのは自治会費を払ってる人だけ？自治会の会員だけ？なの？

それって、自治会がどんな組織なのか？って疑問を考えるのと同じ答えになる気がする。

会員のみんなはそれをどう考えてる？会員じゃない人たちはそれをどう見てる？

少なくとも私は、自治会がそんなケチな組織だとは思ってない。自治会費を払ってるとか払ってないとか、活動に参加してるとかしていないとか、そんなんで決めていいのかな？

　私は、自治会は地域を応援してる応援団みたいなものかな、って思ってた。子供っぽい幼稚な考え方かもしれないけど、何も知らない子供に説明するなら、それでいいと思う。

いや、そのほうがいいと思う。

自治会はあなたの町の応援団
なんじゃ この安い宣伝文句は

プライバシーだとか個人情報の保護だとか言うのは、
100%守れるわけではない物に過度に依存し過ぎて
徐々に耐性を失っていく、「消毒液」と同じよね。

私、ちょっと驚いたことがあります。それは電話番号の扱いについてです。先日、セイラさんに頼まれて会費の集金状況から地図と名簿の更新をしていたんですが、その名簿には番地まで含めた住所と名前、世帯の人数に電話番号も載せられていました。

「緊急時に電話で連絡する必要がある」ため載せているとのことですが、そんなコトって実際にあるんでしょうか？むしろ緊急時は電話なんかじゃダメっぽい気もしますけど。

さらに、役員個人の電話番号は自治会内で公開されていて、各種相談の窓口として普通に使用されているそうです。もちろん、みんなそれを承知で役員を引き受けるらしいです。

それ、本当ですか？ご近所だからって、個人の電話を使っちゃってもいいんですか？ご近所さんだから許してあげてもいいのかもしれません。でも、これから自治会に入る若い人たちはそれをどう思うでしょう？いくら情報の取り扱いに細心の注意を払っていると言われても、外部への漏洩も含めて、あまり気持ちのいいものではないと思います。

確かに、独り暮らしの老人や身体の不自由な人のことを思えば、電話による連絡手段は必要なのかもしれません。行政への届出に必要になるケースもあるそうです。専用回線の電話の開通には諸手続きでハードルの高い事務処理が必要になることも知っています。でも、今のご時世でそんな馴れ合いみたいな方法に頼るのって、どうなんでしょうか？

みどりんはね、町じゅうのペットを把握してるんだよ
このご近所だけだって…
名前に性別、生年月日だって知ってるんだって！
へ～、すごいわねぇ
そこまでは知らねーっての
一番のお気に入りはね、三丁目の斎藤先輩んちの、
余計なことは言わんでいいっての！
ムググ…
？
斎藤先輩はみどりんの憧れの人
イケメンで犬飼ってるよ！

小さなスマートフォンで表示した時に「まっすぐ読めない」、そんな状態で勝手気ままに作られた文書は読んでもらうことを目的とした書類ではない。

右の文をちょっと補足しますね。

その書類をPDFにしてメール添付あるいはサーバーに上げるなどして、それがピンチやスワイプで画面を動かさなくても読める、それを「まっすぐ読める文書」と呼んでいます。

この世の中、仕事以外でパソコンや大画面タブレット、あるいは携帯プリンターを常に持ち歩いている人がどれだけ居るでしょうか？　おそらく、ほとんどの人は小さな画面のスマートフォンで見る、これが普通ですよね。にもかかわらず、古い型から抜け出せない。品良く並べた数字の羅列も、蟻一匹通れない文章の行間も、何かのハラスメントですか？

「誰がどうやってその文書を読むのか？」それを考えていない、書いた人の都合だけで投げ付けるように書かれた文書は読む必要なんかない！ってことですよ、つまり。

余談かもしれませんが、ウチの上司が口癖のように言います。「美しい日本語で書け」って。それを聞くたびに思います。世間体や自衛にまみれた文章のどこに美しさがあるんだろうなぁって。私自身、ちゃんとした日本語で物書きができているとは思っていません。でも、そうありたいとは思っています。

読んでくれる人を思いやる気持ちで書かれた文章、

それこそが美しい日本語と呼んで然るべきものだと、私は信じています。

そういえば何かの資料がウチに届いてたんだけど
これが文字ばっかでどこから読んだらいいのか…
あー、これねぇ
ごめんねぇ、こーゆーの配布するのもお役所の仕事なのよねぇ
び〜〜〜っしり
そこそこ枚数もあるし、作るほうも大変ですよね
む！
これはもしかして！
きれいに並べると何かのマークが浮かび上がるのでは!?
市のゆるキャラじゃない？
○○○ッシー
……

第3章　6話　さすてなぶる？

一般人を相手に下手な横文字の単語を織り交ぜて話をするのは、若いお姉ちゃん相手にカッコつけているか、真相を隠してはぐらかしているかのどちらかでしかない。

　その単語の意味を理解できない人が「私は馬鹿なのでその単語の意味が分かりません」なんて手を挙げて言うとでも思っているのでしょうか？　多種多様な学術レベルの人達を相手にする立場の人間が、相手の気持ちも考えずに自分の知識を自慢する目的で横文字の単語をホイホイ使うのは、もはや「悪業」と言えるレベルの愚行だと私は思っています。

　しかし、残念ながら政治や行政に携わる人間ほどそういう傾向がある。お役所がそんな弱者の置き去りを平然とする、そんな間抜けな光景が現実にあるのがこの国の政治です。もしかして、お決まりの免罪符で「そんな意図は無い」とでも反論するのでしょうか？では聞きますが、それをどうやって「証明」するんですか？

　あなたが私の心の中を察する事ができないように、私もあなたの心の中を理解する事はできません。「意図は無い」なんて安易な答えはあなたの身勝手な「いいわけ」でしかありません。火の無い所に煙は立たない。誰かがそう「誤解」するならば、疑わしい何かがそこに元々存在していたんです。言わば、マイナスのイメージからスタートするんです。それをプラスに変える努力もしないで、下手くそな横文字の「はぐらかし」やお約束の「いいわけ」でお茶を濁しておこうなんて、頭が悪過ぎやしませんか？
ごめんなさい、思いっきり私怨が入ってまーす（笑。

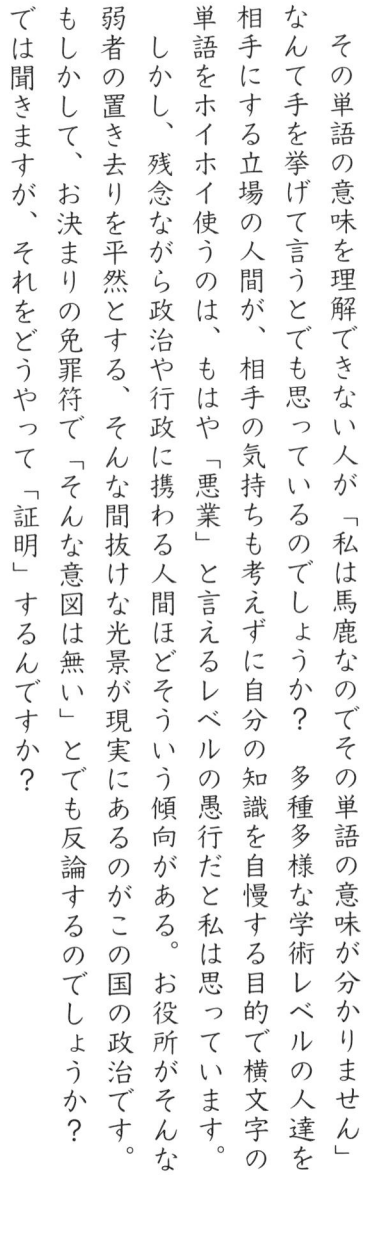

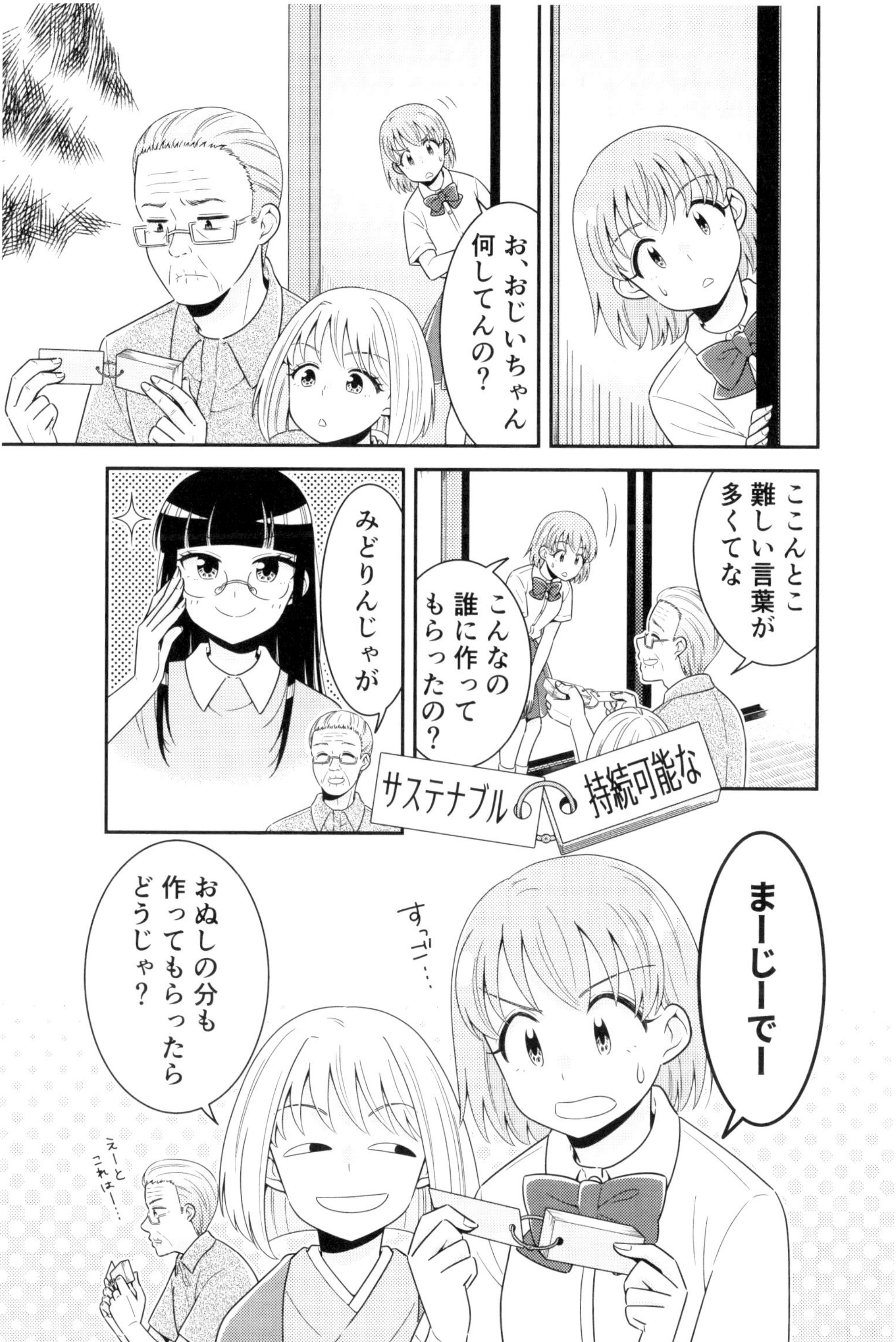
お、おじいちゃん何してんの？
ここんとこ難しい言葉が多くてな
こんなの誰に作ってもらったの？
サステナブル
持続可能な
みどりんじゃが
まーじーでー
すっゴー…
おぬしの分も作ってもらったらどうじゃ？
えーとこれはー……

第3章　7話　市役所

「できません」という言葉は使い方が非常に難しい。何をどうしたって相手に不快感を与える結果を招く。逆に言えばその言葉を上手に扱える人は優しく、そして優秀だ。

　公務員の働くお役所の類で、分かりやすい実例として「市役所」についてお話しします。

ただ私は説明が下手でお叱りを受ける部分があるかもしれませんが、ご容赦願いたいです。

まず、市役所で本当の意味で「行政の仕事」をしているのはたった一人の人物です。

びっくりするかもしれませんが、それ以外は全部、お給料で雇われたお手伝いの人です。

その「たった一人」の人物とは、選挙で全市民から直接投票で選ばれた「市長」です。

市役所で働いている全ての職員はただ市長がやるべき仕事を代行しているに過ぎません。

つまり、市役所の中で市民のために働く義務があるのは市長ただ一人であって、職員にその義務は「無い」と言える状態にあるんです。当然ですが、それを大っぴらに態度に表して仕事をすれば市長から叱られますし、議員にでも見つかったら今度は市長が大目玉です。

もちろん居ますよ、市民の皆様への奉仕や貢献を信念にして仕事をしている職員だって。

ですが、システム的にその義務は無い。法律には義務があると書かれてはいないんです。


　よく問題になっている、市政を正してやろうと息巻いて市役所に抗議してくる人達の話ですが、そんなシステムで仕事をしている職員に悪態をついても状況は何も変わりません。

それでも職員は話を聞かなければならないので、総体として行政サービスは低下します。

そうなることすら慮《おもんぱか》れない、我田引水な人の行動も「正義」と言えるのでしょうか？

ここのカーブミラー、小さくなった気がしない？
たしかここ、先月くらいに交通事故があったよね
その時に倒されてたじゃん、これ
あー、そーだ！
その時に間違って小さくされちゃったのかな？
ふむふむ
それはあれね 市で標準的な60センチタイプがそのまま付いちゃったのね
80 cm
60 cm
元のやつ
市標準
前は絶対にもっと大きかったですよ！
これは市役所に問い合わせてみたほうが良さそうね
市役所は平日の昼間しか電話つながらないですよね？
そうね 電話代はちょっとかかっちゃうけど、
会長さん電話できる？
えっ？
え〜、
お役所の人ってなんか怖そうじゃない？
こんな書類
うけとれません
業務時間外なんで
他をあたってください
そんなことありません！

東洋医学の教えには「病人が来たら医者は手をついて謝れ」という言葉がある。果たしてこれは、お医者さんだけに通用する言葉なのでしょうか？

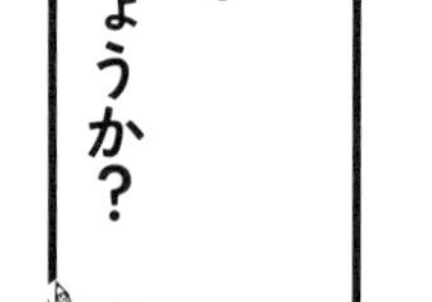

お役所に何回もお願いしたけど動いてくれなかったのに、議員さんに頼んでもらったらすぐに解決した。これ、本でも紹介されてるくらいよく聞く話ですよね。解決できないまでも地域の問題にはそれなりのアプローチが必要で、それが自治会の仕事だとするのなら、その方法も知っておいて損はないと思います。相談できる議員さんが居るのであれば。

ただ、自治会にはそれを簡単に実行できない事情もある。それは地域に住む住人全員が例外なく同じ政党を支持しているわけではない、という事実です。恩義のある議員の政治活動を自治会が応援していた、かつての慣例を世の中はまだ払拭しきれていない。特定の政党との関係を嫌う人は少なからず存在するんです。単純な多数決の結果だけで政治的に偏るわけにはいきませんもんね。自治会は中立で公平な立場であるべき、が基本ですから。

ちなみに、これは私だけの感覚ではないと思うのですが、政治について偏った考えの人達ってなんだか気持ち悪いって思えませんか？　ネットを使って奇抜さで主張する人とか、昔ながらに駅前で署名求めてくる人とか、警察官に見張られて国会前を行進する人達とか。そうするしか訴える方法が無い現行の政治システムが悪い、って考え方もあります。でも、それで「政治について考えるのは気持ち悪い人のやること」みたいに思われて、若い人達の社会への関心が薄くなってしまうとするなら、それも誰かの思う壺って気がします。

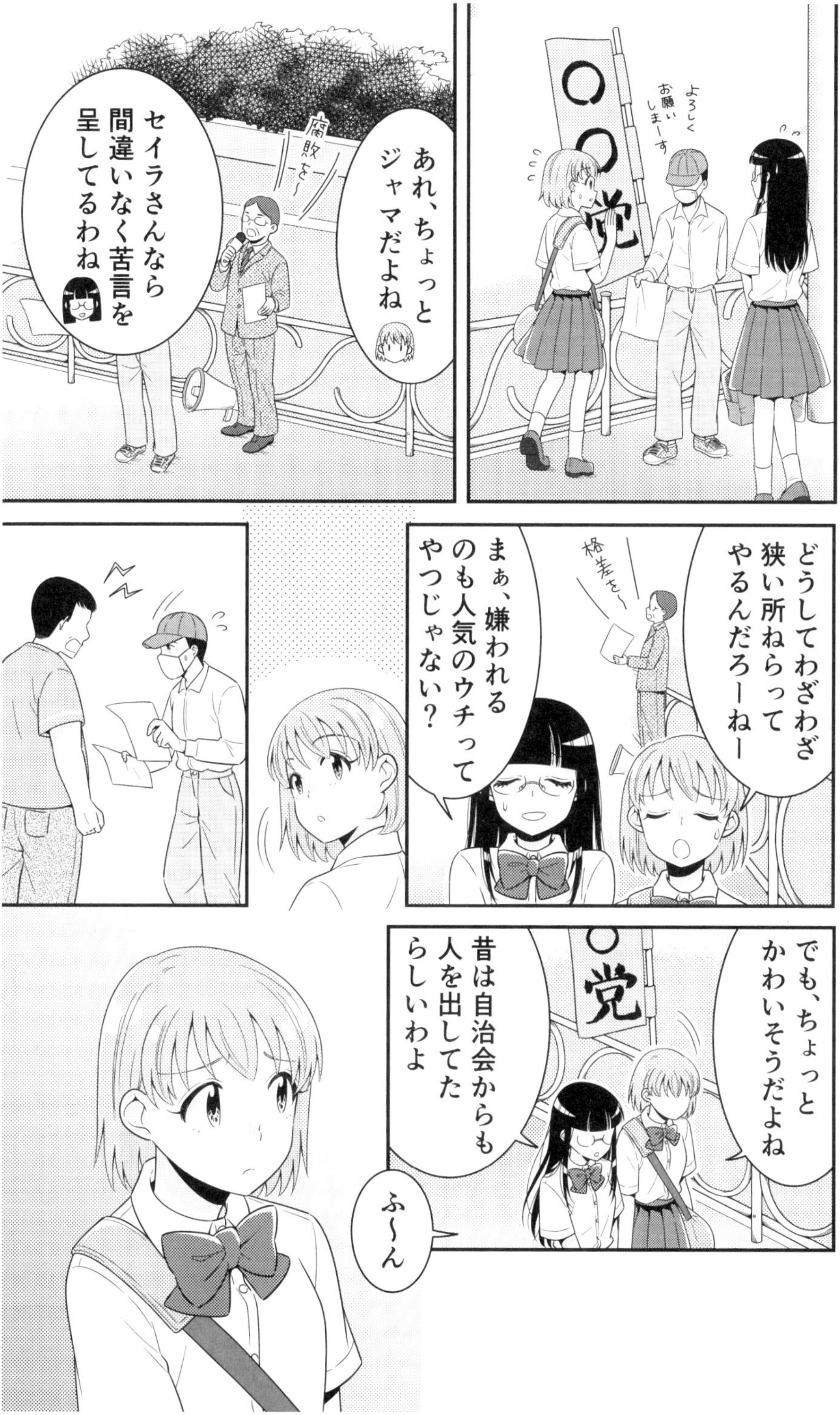
よろしくお願いしまーす
あれ、ちょっとジャマだよね
腐敗を〜
セイラさんなら間違いなく苦言を呈してるわね
どうしてわざわざ狭い所ねらってやるんだろーねー
格差を〜
まぁ、嫌われるのも人気のウチってやつじゃない？
でも、ちょっとかわいそうだよね
昔は自治会からも人を出してたらしいわよ
ふ〜ん

「物事をなんでもメリット・デメリットで測ろうとする人は
たいていの物事がデメリットに偏って見える」、らしい。
え～、じゃあメリットを説明しても無駄ってこと？

　自治会に入るメリットって何なんだろ？これ、絶対誰かに聞かれるよね。確かにいろいろ考えていくと、どーにもデメリットの方ばっかり思い浮かんじゃう。私自身、会長さんになって今までとは違う余計な仕事は増えた。まさに今、このことを考えているのだって普通の高校生してたら考えなくてもよかったことだよね。う～ん。

それ、セイラさんに聞いてみた。そしたら、

「私はそんなことを考えてくれるゆいちゃんが大好きよ」って言われた。

美人で聡明なセイラさんにそんなふうに言われて、めっちゃ照れるけど、

「それが答えになってないかしら？」とか言われると、この人もよくよく意地悪だなって思ったりもする。まあ、ポンと答えだけ与えられても納得できなかったりするんだけどね。

　私の場合、最初はおじいちゃんを助けようとしてただけ。でもそれは一般的なメリットじゃない。もちろん、セイラさんにそう言ってもらえるためにやっているわけでもない。パンフレットによくある「地域のためになることをすれば、それが自分のためになる」みたいな間接的なやつじゃなくてさ、もっとガツンと自分のために納得する理由が欲しい。たとえば、人んちの壁に落書きしたりタバコ吸って道路に捨てたりする悪～い高校生じゃないよってみんなから信じてもらえる…とかかなぁ？

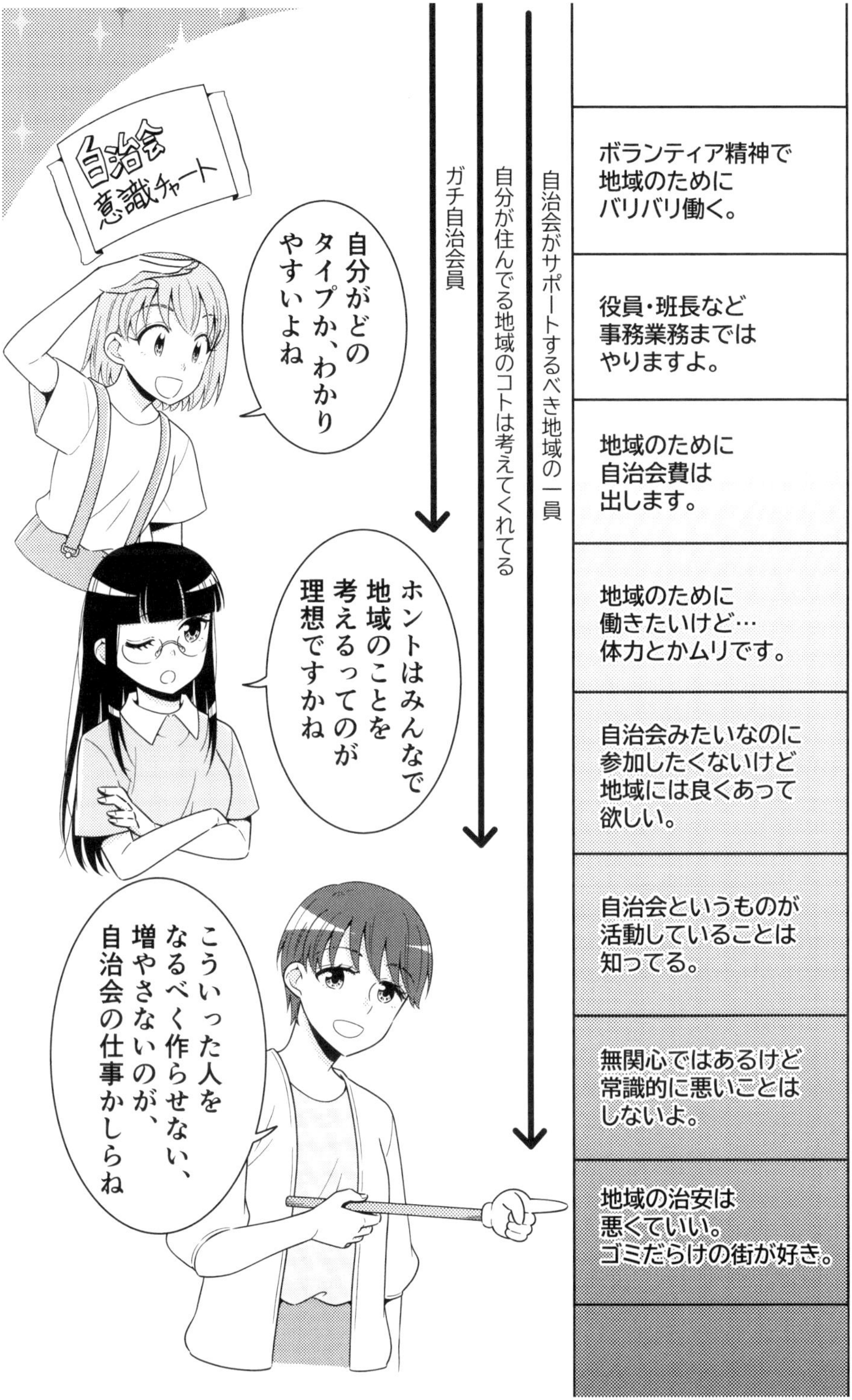
自治会意識チャート
ボランティア精神で地域のためにバリバリ働く。
役員・班長など事務業務まではやりますよ。
地域のために自治会費は出します。
地域のために働きたいけど…体力とかムリです。
自治会みたいなのに参加したくないけど地域には良くあって欲しい。
自治会というものが活動していることは知ってる。
無関心ではあるけど常識的に悪いことはしないよ。
地域の治安は悪くていい。ゴミだらけの街が好き。
自治会がサポートするべき地域の一員
自分が住んでる地域のコトは考えてくれてる
ガチ自治会員
自分がどのタイプか、わかりやすいよね
ホントはみんなで地域のことを考えるってのが理想ですかね
こういった人をなるべく作らせない、増やさないのが、自治会の仕事かしらね

自治会のイメージや印象を悪くする最大の原因は不慣れな人間による無茶な勧誘活動。苦し紛れに「強制」を使ってしまったら、その自治会は終わり。

世の中の、特に若い人の「自治会」に対するイメージや印象は悪いです。

誰かが悪意のある噂話を広めて意図的にそうなるように仕組んだ、とかではありません。そのウワサをホントの話に変えてしまう危険のある人達が、哀しきかな存在するからです。その最たるものが、加入率維持のために自治会への強制加入を推し進めちゃう人達です。手っ取り早いですよ、それが一番。人を集め、お金を集めるのが目的なら「地域のため」ってお決まりの殺し文句を添えて集団で襲えばイチコロです。強制で始めますから、法外な年会費も違反な選挙協力も自主性を無視したボランティアも、なんだってやりたい放題。

そんな自治会、あるわけない？……いいえ、あるんです。

そーゆー自治会の方が、行政にしてみたら従順で使い勝手がいいんです。

政治家にしてみたら、法に触れることなく票を集められて都合がいいんです。

だから誰も規制しない。「地域のため」に必要な組織という大義に守られ、一部の人だけが得をする構造を崩せない。そんな自治会が実在していてもおかしくはない、ですよね？

まず必要なのは、「住んでいるその場所を好きになってもらうこと」です。

媚びろ、と言ってるわけじゃありません。その「好きになる」事がどーゆーことなのか？それにきちんと向き合わなければ、自治会はみんな滅んじゃいますよ、その人達のせいで。

あら、誰か引っ越してきたのかな？
こんにちはー、引っ越してこられたんですか、
自治会に入りませんかー
自治会長でーす
え〜？
こらこら！まだこの町に来たばかりの人にそんなこと言ったらご迷惑になるでしょ
まずはこの町のことをよく知ってもらう方が先よ
あ、そっかごめんなさい
こんにちは
こんにちは！
ようこそ　町へ！
よろしくね！

**大工にいい仕事をしてもらうにはコツがいる。
それを知らない奴に限って、
できあがった後にモンクを言う。**

ん？大工？今回はお巡りさんについての話だよ。かみさま、なんか勘違いしてる？さて、そのお巡りさん。私たちが普通に住んでる住宅街の交番に居るお巡りさんは2種類いるって知ってた？　ざっくり言えば、交番で普通に暮らしてる住み込みのお巡りさんと通勤して通いでやってくるお巡りさん。仕事の内容とか勤務時間とかもちろん違いは無いらしいんだけど、住んでくれてた方がその地域のこと親身になって考えてくれそうだな～心強いな～って思っちゃうよね、やっぱり。受ける側の心持ちなんだと思うけど。

まあ、そうは言ってもお巡りさんだって人間でしょ。仕事場の好き嫌いはあると思う。住んでる人が道で会っても挨拶しないとか、解決できない問題をお巡りさんのせいにするとか、そんなさみしい町だったら私だってヤダって言うよ。そーゆーのは同じだよね。

自治会の仕事でも、お巡りさんに頼んじゃった方が早いってことはあるよって聞いた。できるできないは別にして、「頼りにしてますよ！」って気持ちを伝えるためだけでも、いろいろ相談にのってもらうのはいいことなんじゃないかなって、セイラさんも言うの。もちろん、お仕事のジャマにならない程度に、ほどほどにってのはわかるけどね。だって、お巡りさんのメインの仕事は「町の治安を守る！」でしょ。お巡りさんに気持ちよく「いい仕事」をしてもらうために…　あ！それか。

おはようございまーす!!
はい おはよう
おはようございマース
おはようございます
交通安全
ゆいちゃん、自治会長さんになったんだって?
ヨロシクね
えー、なんで知ってるんですか?
石上さんから聞いたよ
ドヤッ
カイチョー
カイチョー
こらー!
いってきますー
いってらっしゃい

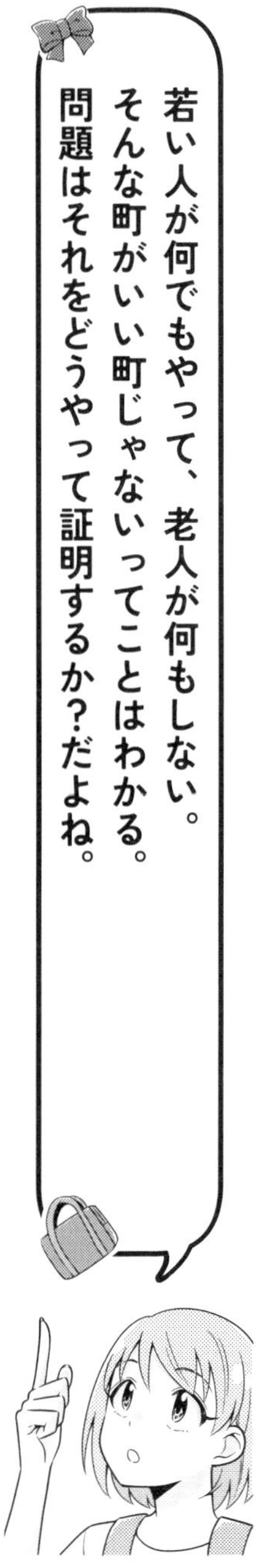
若い人が何でもやって、老人が何もしない。
そんな町がいい町じゃないってことはわかる。
問題はそれをどうやって証明するか?だよね。

　高校生が自治会長になって、地域のみんなはどう思ってるのかな?

一番よく聞く言葉は「若い人がいろいろやってくれて助かるわー」みたいなのかな。

でも、その「若い」ってところを強調して言うのって、どーなんだろ?って思うんだよね。

下手すると「照れる」より「うざい」に近い受け取りをしちゃいそうな感じがする。

だいたいそれにセットで付いてくるのが、自分が年をとってること自慢?みたいなやつ。

「年寄りはあんまり動けないから」とか「もう引退だよ」とか、年齢がいくつだ、とか。

それに「自分が若い頃はいろいろやった」とか言って、「次は若い人の番だ」と来る。

なーんか、もやもや〜っとだけど、「自分はもう何もしないよ」宣言されてる感じ?

それ言ったらアタシだって、まだ子供の範囲だし、学校もあって受験もあるし、ナンでもできるってわけじゃない。もっと中間くらいの年の人だってそれはみんな同じでしょ。

時間はあるけど体力が無い人と、体力はあるけど時間が無い人、そのどっちかだよね。

「できない」ってことに関して言えば、みんなそれぞれの事情があって同じだと思うよ。

　むむむむっ!

なんかそれ、発想としてダメなやつだ。ネガティブなスパイラルだ!

それをポジティブに切り替えるにはどーするか?を考えなきゃ!

「できない」ことを自慢し合うんじゃなくて、自分の「できる」ことを探してみる、だね。それぞれが、それぞれの事情の中で地域のために「できる」ことを、できそうなことを、ちょっとずつでもいいから出し合って、その出されたことの範囲内でやり繰りしていけばいいんじゃないかな。体力が無いなら無いなりに、時間が無いなら時間の許す限り。できない、できないってみんなで言ってたら、本当はできる人も「できるよ！」って言いにくくなっちゃうじゃん。「できない」を先に言っちゃダメ、言い始めちゃダメなんだよ。ついつい「できない」ことを先にアピールして、嫌な役が回って来ないように防衛線とか張りたくなっちゃうけどさ。そんな事情を察してほしい気持ちもわかるけどさ。

自治会は誰かにムリヤリ何かをやらせるようなブラックな組織じゃないよ。そこんとこ誤解してるからそういう考えしちゃうのかもしれないけど、それを理由にしないで欲しい。

「年寄りでもこれくらいはできる」とか

「時間はあんまり無いけどそれならできる」とか

そーゆーのをみんなで出し合っていかなきゃ、

うまく回っていかないいんじゃない？

そんなポジティブな考え方ができる、

ポジティブへの切り替えができる、

それが「若い人」に期待して欲しい

本当の価値なんじゃないかなー、と思いまーす。

幕間rkgk

録画してます
タブレット使うと簡単に作れますよ
へー
30分後
あれ？押してるのに反応しない？
……。
落し穴
キャハハハ
キャー

第四章　平時の仕事

平時の仕事

第4章　1話　あいさつ

挨拶は誰かの作った決まりでもなければ、何かの規則でもない。それを勘違いしている者ほど、それに従う事を強要してみたりあるいは逆に、従わない事を自慢してみせたりする。

「挨拶はなぜ必要か？」そんなモノの理由なんぞ、ワシに分かるわけなかろう。では聞くが、なぜ？神社に来て鈴を鳴らし・柏手を打つ？あれも見方によってはなかなか滑稽《こっけい》じゃぞ。神がそう命じたわけでもないことを律儀にやるのはなぜじゃ？

おそらくそれはな、「細かいことは気にするな」が答えじゃと思うぞ（笑。無いなら無いでもよいのだが、やらなかったら居心地が悪いとか、黙って通り過ぎるのもよそよそしいとか、そんなモヤモヤっとした気持ちがちょっと嫌なんじゃろ。それでよいではないか。そのちょっとした気持ちが伝わるだけで充分ではないのか？

もしかして、その習慣が廃れて流行らなくなった理由を探しておるのか？…呆れたな。どーせまた、その意義を難しい言葉で綴り上げてみたり、妙な決まりを追加して本末転倒な習慣に変えたりしたんじゃろ。身分の上下で順番を決めてみたり、尊敬だの格式だのを重んじて、縛り付けたりしたんじゃろ。誰かにとって都合のいい「結果」を作り出すため、言葉の揚げ足を取って解釈の仕方で誤魔化したりとか、ごちゃごちゃやったんじゃろ。その挙句、規則が嫌いな連中に愛想をつかされて、それを大昔の誰かのせいにして、今頃になって「あれは良い習慣だった」と嘆いておると。まぁ、そんなところじゃろう。

「理由」を知りたければ子供に聞け。感じたままの素直な解釈こそが本質を見抜くぞ。

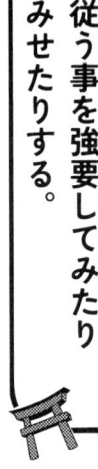

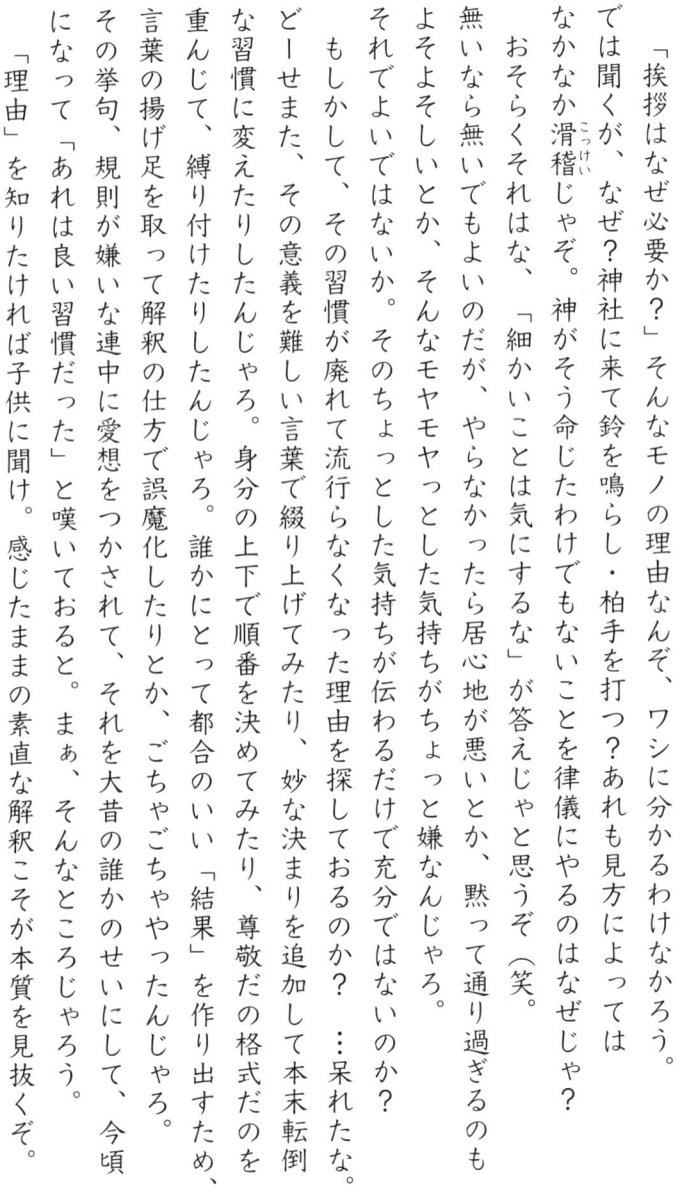

おはよう!
おっす、ゆい
アイツ、ホント声がでけーな
ゆいんち、おばあちゃんが耳遠いからね
おはよーーっ!!
ウチの部の連中もあれくらい挨拶ちゃんして欲しいんだが…
ときちゃん、空手部だっけ?
そ!いつ・どこから・どんなふうに攻撃されてもすぐ100%で反撃できるように身体の反射を鍛えてるんだよ
ビシッ!
ふ～ん、挨拶も似たようなもんかもね
おはよーっ
おはよー

第4章　2話　お花がいっぱい

休みの日は一日中スマホ見てたとか、町をぶらぶらしてたとか探究心や向上心を欠いた暇ツブシは「趣味」とは言えません。そんな人に限って、他人の趣味を笑うので辟易します。

　あ！私みたいな女が「お花」の話なんて柄にも無いなとか思ったでしょ！私だって部屋に生花を飾ったり鉢植えに毎日水をやったりしてるんだから！プンスカ。普段からそうやって花に接しているからこそ分かるんですが、自宅で植物を育てるのはとても大変ですよね。窓辺にちょっと花を飾るだけでもコンスタントにやる事があって、生半可な気持ちでは維持できません。昔はガーデニングとか呼ばれて人気はありましたが、最近は「外で働いていない主婦や年寄りの道楽」なんて冷遇されてる感じが強いです。

　植物を育てることだけに限らず、文化的で個性豊かな趣味を持つことは、それを支える生活基盤がなければ成り立ちません。賛否はあるかもしれませんが、生きて暮らしを楽しんでいる人でなけりゃ難しいってことです。そういう意味では子供を育てることも、家を建てるなんてことも同じですよね。本末転倒かもしれませんが、そういうのがあった方がそこで暮らしていて何かの甲斐はあったって言えるんじゃないでしょうか？

　忙しさに追われる毎日の暮らしの中で、何かしらの趣味を持ち、それに時間を費やせるのは大切なことだと思います。それができている家が地域内にあるなら、それは自慢していい事だと思います。実際、そういう家が多い地区は自治会への加入率が高いと聞きます。「花」という小さな物でも地域を良い方向に導く力を持っている、私はそう信じています。

将来の進路
ざわ
ざわ
私、保育園の時は、将来の夢は「お花屋さん」って書いてたんだよね
私は警察官だった
お!それ私も同じだ
それで空手やってみようかなって思った
そいで、この将来の進路希望にはなんて書こう?
私は弁護士かジャーナリストって書いちゃおっかな
なら、私はオリンピック選手とか書いちゃおっかな
まー、いけて体育教師くらいかもしんないけど
げー、私はどーしよー
花屋とか書いたら怒られるかな?
花屋さんだって地域貢献の立派な職業だって先生を説得できればいいんじゃない?
そんな意識高い系の説得が私にできるとでも?
ま、公務員でいっか
くしゅん
?

第４章　３話　回覧板

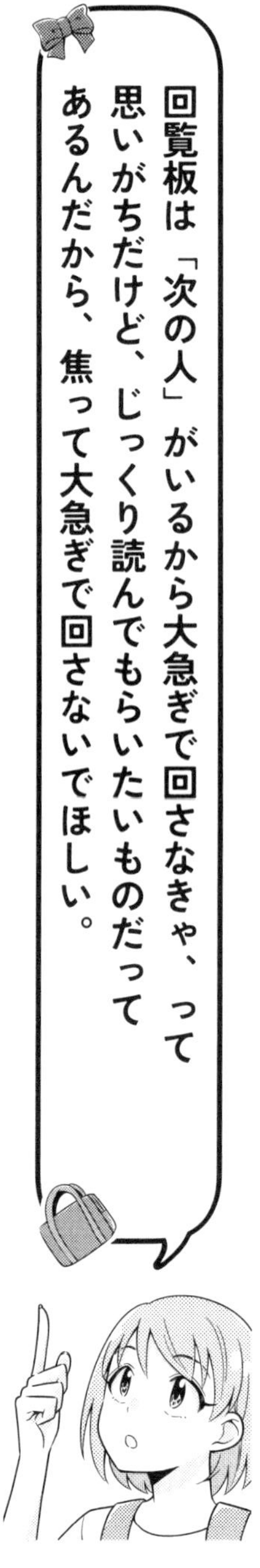
回覧板は「次の人」がいるから大急ぎで回さなきゃ、って思いがちだけど、じっくり読んでもらいたいものだってあるんだから、焦って大急ぎで回さないでほしい。

自治会長さんになって、なにげに大変だなぁって思ったのが、回覧板の準備。ウチは班がたくさんあるから、コピーしてご案内作って班長さんちに持ってって、とやる事は多い。一枚回したと思ったらひと足違いで次のが来た、なんてこともザラにある。

　回ってくる方にしたって、何かの会報とか詐欺注意のポスターとかそんな物がひっきり無しに回ってきたら、お隣りに持っていくのだってめんどくさいと思うよね。

このご時世だし、ネットで代用すればいいとか、お金をかけて全戸配布にすればいいとか、いろんなアイデアや新しい作戦を考えて、みんなでそれを無くそうとしてる。

　でもね、私は好きだよ、回覧板。

じゃあ、その維持費は誰が払うんだ？とか、言われちゃうかもしれない。ご近所さんの安否確認として役に立ってるとか、なけなしの効果をアピールしたい気持ちも分かる。

　でも、そーゆーんじゃなくてね。回覧板ってさ、なんかカワイイじゃん。昔ながらの～みたいなレトロな習慣が現役で今も残ってるなんて、ちょっと面白いじゃん。

これが無くなっちゃったら自治会も無くなっちゃいそうで、そーゆー人と人との繋がりもその象徴を失って消えていっちゃいそうで、なんだか寂しいよ。

せめて月に一回くらいにまとめたりしてさ、無形文化財みたいにして残せない？かな。

ただいまー
おじゃまします
おかえり、ゆい
今月の回覧板、まとめといたぞ
ありがと、じいちゃん
あとで、各班の班長さんちに持っていくかな
しっかし、この回覧板もちぃっとかわいくならんもんかね？
この構造がナンセンスなのよ
パカっと開いて、めくり上げる
方向の違う動作が二段階あるってのがおかしい
まー
タダでくれる物に文句つけちゃダメだよね
この本はひとつのお話を
見開き１枚で完結させているので、
コピーして回覧板に入れやすいのよ

インターネットを介さないと親密さを演出できないような人間関係なんて、逆に気持ち悪くて深入りしたくないね。一番ウザいのが「了解でーす」返信の応酬かな。

私、実はちょっと自治会でネットを使うのには反対なんです。
若い人たちがみんなやってるからとか、便利だからとかスマホで簡単に見れるとか理由はいろいろあるかもしれないけど、その当たり前過ぎる理由の付け方がなんか怖くない？

私もみどりんも普通にスマホでやり取りしてるよ、毎日お母さんから怒られるくらい。

でもそれって友達だから普通なだけで、友達でもない人とメールとかしないし、わざわざ時間をつぎ込んだりしない。遊びの道具だと思ってる物を強制されるのって、何か嫌だ。


そりゃ、ネット使えばたくさんの情報を素早くやり取りできる。送りたい人からすれば送り放題だよね。情報をたくさん送りたいって思ってる人にしてみれば。

でも、送り放題だからって、受け取る人がウンザリするほど情報を送りつけてもいーの？

そーゆー人に限って、だいたい文字の量が多いんだよね。読みきれないくらい。

そーゆー人に限って、送った情報を見てないとすぐモンク言ってくるんだよね。

そーゆーのが「ウザい」って思ってる人にしてみれば、そんなもんが送られてくる組織に喜んで加入はしないよね。安易なネット利用は加入率の増加にはつながらないと思う。


友達とだったらさ、ひらがな一文字でも気持ちはつながるよ。ね！

何かを伝えよう伝えようってがんばっちゃうと、
紙面は文字ばかりになる。
そういうのに限って、だいたい面白くない。

「新聞」は読むよね。「マンガ」も読む。「小説」も読むし、「教科書」も読む。学校でもらう「○○だより」これも読むかな。「○○通信」辺りまでなら読むかもね。インターネットで契約とかすると送られてくるようになる「メールマガジン」、これは絶対読まないね。たとえそれが義務だったとしても、半分嫌がらせじゃん。ソッコー削除。じゃあ、「公報」とか「会報」とか、回覧板にはさまって回ってきたり郵便受けにいつの間にか入ってるような印刷物はどうかな？　喜んで読んでみたい！って思うかな？

セイラさんが教えてくれたんだけどさ、市が無料で配ってる「市報」ってあるじゃん。あれってさ、配布の手間賃まで入れるとウチの市は年間4千万円くらいかかってんだって。ついつい、タダでもらってるから無駄に捨てちゃってもいいかな〜なんて思っちゃいがちなんだけど、実は税金でその分は払ってると考えると有料で買ってるのと同じなのよって。じゃあ、それだけお金かけてる事を強くアピールしたら読んでもらえるか？って話だけど、それやっちゃうと今度は「変な物に金かけんな！」って苦情が増えて面倒臭いんだって。

そもそも「なんで」これが必要なのか、「なんで」これに税金を使っているのか、その理由がちゃんと説明されてない気がする。知らなかった私たちが悪いのかもしれないけど、それを読むのが市民の「義務」みたいに一方的に思ってんなら、中身以前の問題だよね。

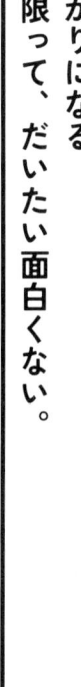

あたし、
キナコ
柴犬2才 女の子
ワン#1
○○町
犬だワン通信
食べ物よりも
遊ぶ物のほうが
好き！
特徴
小さい豆柴です。
お花模様の
首輪してます。
不定期発行で、この町のワンちゃんを紹介
していく予定です。よろしくお願いします。
あら、キナコちゃんじゃない どーしたの、これ？
地域のワンちゃんを紹介する会報を作って親睦に役立てようと思って…
コイツ絶対サイトウ先輩んちに取材に行く口実を作る気だなー
サイトウ先輩

子供相手にだって説明が難しい「自治会」という言葉を、外国人に言ったって理解してもらえるわけがありません。

　かなり怖い、実際に起こってもおかしくないような例え話しをします。私達が住んでいるこの国が、原発で事故とか起こしちゃって、放射能で汚染されちゃって数万年単位で人が住めない国土になってしまったら、どうなるでしょうか？じわじわ迫る死の恐怖の中、国外退去で一人残らず他所の国に移住か？が私の予想です。確かに、これまでの外交政策のおかげで多くの国から援助は受けられるかもしれません。しかし、それが長く、あるいは永遠に続くことはないでしょう。

　他に類のない難解な言語しか話せず、お金の力で自分の権利ばかりを主張し、他者への配慮も人を思いやることもしないような横柄な人間達が、平穏だった住み慣れた暮らしの中に土足で入り込んできたら、あなたならどう思いますか？

　今、自治会が抱える「外国人」の問題はいろんな意味でその恐るべき未来につながっていると思います。楽観的にＩＴや技術の進歩だけで解決できる問題ではないですよね。理由が何であれ、住み慣れた母国を離れて異国の地に住むことは大変な不安を伴います。その不安がどんな形になって表れるか？どうやって現地の人と折り合いをつけるか？また、実際どういう対処をされたら安心して暮らせるか？仲良くやっていけるのか？人の振り見てなんとやらってわけじゃありませんが、そこから学べる事もあるはずです。

私、六角みどりは
勉強はできるほうだ
少なくともコヤツよりは
ぐぅ
現文
現文
でも、
コヤツにひとつだけかなわないものがある
それは、英会話だ
Hey! How's it going?
English!
ウチの高校には市の国際交流団体から講師が派遣されてくる
コヤツはその先生達と片っ端から仲良くなろうとするのだ
おそらくコヤツは、英語を翻訳しないで直接脳内の言語野に送り込む術を本能的に体得しているのだろう
cute
ナマケモノ
かわいい
sloth
a kind of cute
cute
ただ、それを成績には活かせていないようだ
やべー、また赤点ギリギリだー
…

第4章　7話　パトロール

自治会長は自分の住んでいるその町の現在進行形の「今」を知っていなきゃならない、んじゃないかと思ってたけど、それって結構大変だよね？

そうそう言い忘れてたけど私、おじいちゃんの家に引っ越したんだ。いや、どっちかというと「戻ってきた」が正解かな。駅近のマンションに引っ越す前はずっと住んでたから、部屋とかそのまま残してあったのね。こっちの方が学校には近いし、幼馴染のみどりんもいるし、いろいろお手伝いもできるし。それに私、自治会長さんだから。えっへん！

おかげで、毎日みどりんとキナコの散歩に行けるようになった。雨の日はダメだけど。キナコは豆柴だから、がっつり一時間とか長い距離は歩けない。ウチの自治会のご町内を路地まで含めてぐるっと一周するくらいでちょうどいいんだ。

ほぼ毎日歩いてるから、いろんな事を知ってるよ。どこの家の庭先にどんな花が咲いているかとか、雑草が伸びてたり枯れてたり、新しく家が建ったり壊れたり。ゴミが落ちてるのとか嫌な物も見えたりするけど、掲示板の状態や街灯の切れかかってるのだって発見できたりもする。ちょっとずつだけど、町は変化してるんだなぁって思うよ。

もし自治会長にならなかったら、こんなふうに町の様子を見ることはなかったかもしれない。みどりんも同じこと言ってた。キナコの運動不足解消でぼーっと散歩してるよりも「パトロール」って言った方がなんか役に立ってる感があるじゃんって。

でも、もしキナコがいなかったら、私はどうしてたかな？

ななな、
なんじゃこの小さい柴犬は⁉
キナコ号
みどりんちの豆柴だよ
強いんだぞ!
ドヤ☆
ちっとも強そうには見えんが…
ドヤァ☆
町の安全を守るため日夜パトロールしておる
コイツがのぉ…
やれやれ…

第４章　８話　お掃除できない

「何日何時に集まって○○しましょう」
どんなに優しく当たり障り無く言っても、見る人が見れば
「強制」されているようにしか思えない。

「○○自治会さんの地域を通る道路にゴミが落ちてるので拾っといてください」なんて市役所から突然電話が来て、そう言われたことがありますか？
もちろん、そんな話は聞いた事がありません。同じ様な話として、道路を歩いていた人に「自治会の人間がなんでゴミを拾わないんだ！」と怒られた事はありますか？
もしかしたら、そのケースはあるかもしれません。なぜなら、そういう誤解を生みかねない文言が行政の作るパンフレットには書いてあったりするからです。

断言しますが、自治会は町の掃除をする団体ではありません。もちろん、それを会員に強要する組織でもありません。住んでいる人達が、住んでいる地域を、自分が住んでいる家の庭と同じように大切に考えてくれる、そういう意識を育てる、そんな組織です。

そういう意図で、足腰弱った老人や年端の行かない子供達を使って陽動作戦を仕掛けるなんてこともあるかもしれません。公園や大きなゴミをみんなで集まって掃除するのも、派手な揃いのベストを着てこれ見よがしに護美拾いをするのも、治安が悪いと思われないための作戦かもしれません。それらは掃除ではなく、あくまで作為的な行動のひとつです。

自治会がやるべきことはキレイな町に住みたいという住民の意識やヤル気を援助したり、促進したり、活動しやすい環境を作ってあげる。その程度でよいのではないでしょうか？

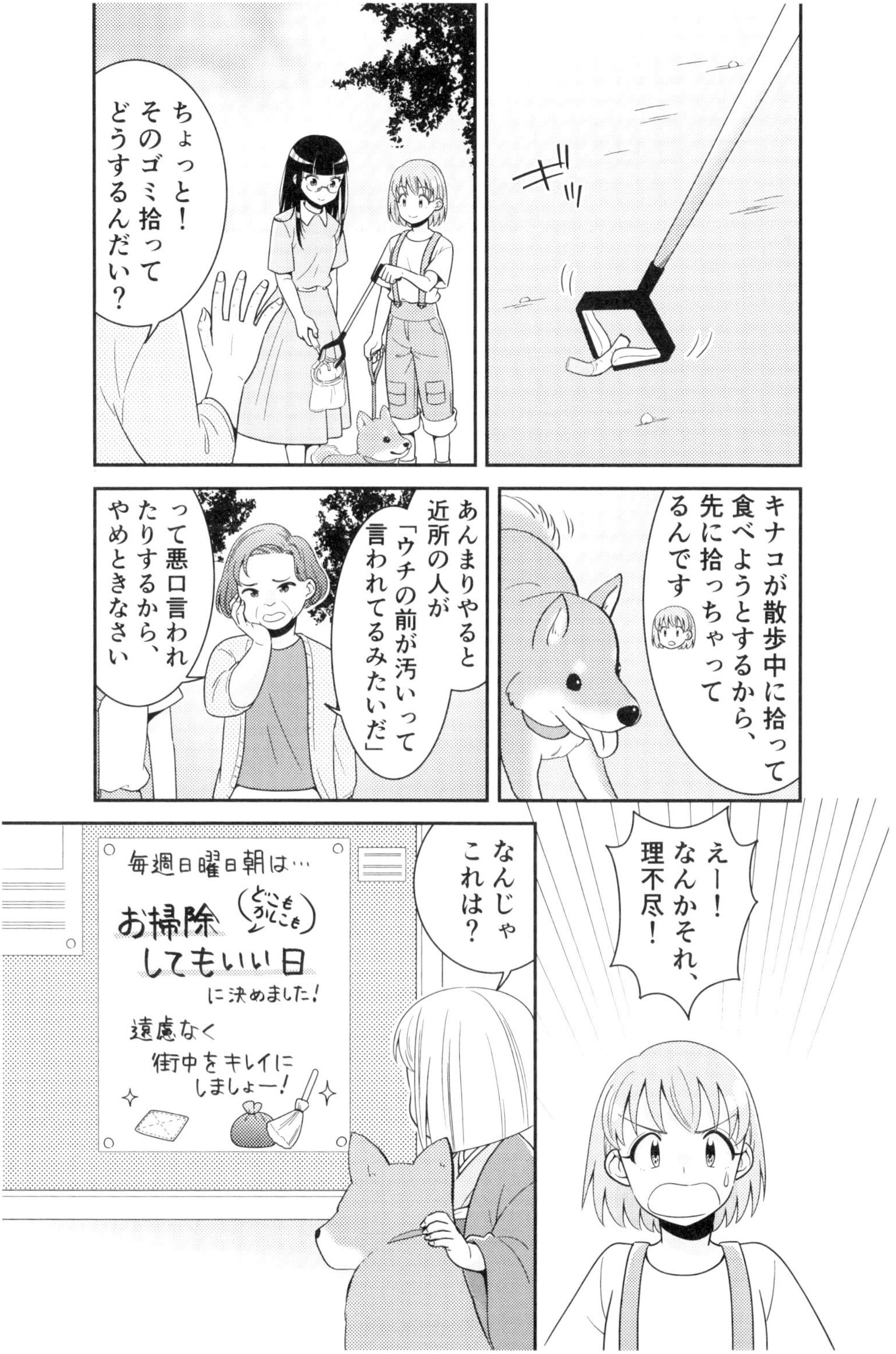
ギッ
ちょっと！そのゴミ拾ってどうするんだい？
キナコが散歩中に拾って食べようとするから、先に拾っちゃってるんです
あんまりやると近所の人が「ウチの前が汚いって言われてるみたいだ」
って悪口言われたりするから、やめときなさい
えー！なんかそれ、理不尽！
なんじゃこれは？
毎週日曜日朝は…
お掃除
（どこもかしこも）
してもいい日
に決めました！
遠慮なく
街中をキレイに
しましょー！

ゴミを捨てる奴が悪いのか？拾わない者が悪いのか？ゴミの素を作った人間が悪いのか？対策しない行政が悪いのか？そんなことを議論していても、町は一向にキレイにはならない

　道路にポイ捨てされるゴミで一番多いのは何だと思いますか？

数で言えばタバコ関連が圧倒的ですが、大きさで言えばドライブスルーやテイクアウトで飲食した後のゴミの方が量は多いかもしれません。プラスチックと燃やせるゴミが混在している事も含めて、拾って処分してやろうって気にはそう簡単にはならないですよね。

このご時世、ゴミを捨てるのにもお金がかかるんです。落とし主の分からないそのゴミに誰がお金を払うのか？官民ひっくるめて睨み合いが続いている、そんな状態ですかね。

　では、いったいどんな奴らがあなたの家の前にそのゴミを捨てていくのでしょう？

それはズバリ、「政治に関心の無い人間」だと私は思います。

自分達の住む地域を良い場所にしようとすることが政治の根元的な目的であるとするなら、その目的を意識しない者が犯人だと逆算できる。この考え方は間違いではないと思います。

選挙に行かないとか、新聞を読まないとか、それだけが政治への無関心ではありません。

「為政者にしてみれば、国民が政治に関心など無い方が政治はやりやすい」と、どこその国の元首相は言ってました。適度に強引な施策を繰り返し、あきらめを徐々に植え付け、政治に関心を持つことが馬鹿らしいと錯覚させる。そんな作戦もアリ、かもしれません。

でも、そのおかげで私達の町がゴミだらけになるとしたら、いい迷惑です。

バッチーよ!?
かみさま！そんなモン拾ってどーすんの!?
毒虫に変えて捨てた奴の所に送り返してやるんじゃ
怖いよ、それ便利だけど…
犯人はどーやって特定するの？
元々は縁で繋がっていた物じゃ残っている縁を巡らせれば造作も無いわ
世話になった物の最期ぐらい看取ってやれ
もしかして、海洋プラスチックとかもかみさまの仕業かしら？
特に、口づけを交わした者との縁は、そう簡単には切れんもんじゃぞ
うわ、セクハラだ

ゴミの集積所がいつもキレイなのは当たり前じゃない。
家のゴミを自分で焼却しなくていいのも、回収してくれるのも、
全然当たり前じゃないんだって、みんな忘れてんのかな？

ちょっと！それ冗談か作り話だと思ってたけど、現実にホントにあるの？

「自治会に入ってない人にはゴミの集積所を使わせない、自分で焼却場に持ってけ」ってケチくさいルール。本とかネットの書き込みとかでよく見かけるけど、本当なの？ルールとしての理屈はわかるよ。使ってる人が掃除していつもキレイにしとくのは学校の教室だって同じだし、みんなで一斉にやったら非効率だから当番制にしてるのもわかる。集積所を掃除しない人は勝ち組で、掃除する人が負け組みたいに見られるのが嫌だ、って心理もわかる。自治会員だけで当番制にするのが良くないんじゃないかって考えもある。

　誰だって、ゴミは早く自分の範囲内から出ていって見えなくなって欲しいと思ってる。もういらない物だから、それの事をこれ以上考えないようにしたいって気持ちもわかる。でも、かみさまが言ってたように、ご縁があって自分と繋がりができたモノなんだから、成仏するまで？きちんと最期を看取ってあげなきゃダメなのかなぁ、って考えちゃう。少なくとも、「ゴミは消えていくのが当たり前」じゃあない。当たり前じゃない！、よ。

　それを「当たり前」って思っちゃってる人が、いーかげんなゴミの出し方してみんなに迷惑かけるなら、その人だけを集積所の使用禁止にすればいい。「自治会に入ってない」って理由だけでそこを使用禁止にするのは、全国の自治会が迷惑するからやめてほしい。

おぬしら「核のゴミ」についてどー思っておる？
なんじゃこの黒い海苔ばかり貼りついたマンガは？
高校生はこれの話しちゃダメって法律で決まってるんだって
決まってはいないけど、ゴミの問題を語るのはどんなゴミでもタブーなのよね

地域に新しい子供が増えることを慶事と呼べなくなったのは地域というか全国民でその子供を養う費用の一部を負担する、その仕組みを疎ましく思う人間が増えたからであろう？

こぎれいに殺菌された病院で、信頼できる医者に囲まれ、ほとんど心配などしなくても出産ができる今の世の方が、産まれてくる子供の数が少ないとは皮肉なもんじゃな。

子供を産み増やすことは昔ほど絶対ではなくなった。働き手の確保という意味ではな。とんでもない発言でよければ、それは「愛玩用」つまりオモチャに近くなったとも言える。果たして、その暴言も今の世の大人達が胸を張って咎《とが》められるとは思えんぞ。政治ですらそれの扱いは票と金を集めるための道具ではないか。物の見方によるのかもしれんがの。

ではその結果がどーじゃ？理由を明示されることなく、やみくもに未来を背負わされ育った者達がどーなった？子供が子供らしく、子供にしかできん事をすることが誰かの役に立つと、何かのためになると知らされずに育てられた者達がどんな大人になった？何となく生まれ、何となく生き、何となく働いて、子を作り、老いて、ゴミを残し死ぬ。そんな「虚ろな生き方」に何の意味がある？そこにどんな価値を見出せと言うのか？

ま、心配は要らん。本来それは子供たち自身がうまくやる。子供たちが人との繋がりの中で自然と会得する。社会の側がそれに無関心にならんかぎり、放っておいても子は学ぶ。

いじめ・差別・虐待・売春や犯罪への関与、子供を取り巻く様々な問題の軽減にそれが少し役に立つというのであれば、慶弔費の慶くらい恵んでやったってバチは当たらんぞ。

2丁目の新築さんちに赤ちゃん産まれたんだって！
わー、見たい見たい！自治会長特権で見せてらえないかな？
何言ってるの、慶弔費を届けに行くのよ！
アホちゃん！
えー？お葬式でもないのに？
〝慶ばしい〟の方だっつーの！
はーーい
赤ちゃん見たいんなら、近所の子供をみんな連れて行くのよ！

その言葉の意味を知り、それを主義と掲げる全ての国民が我が身を犠牲にして初めて手に入る、それが平和じゃ。安穏と他人任せにして何もしないのが平和ではない。

毎年夏になると、政治家どもが平和・平和と耳にうるさいほど宣伝しておるな。限られた在職期間の中できちんと見得を切っておかねば次の人生に支障が出ると、そんな目的でやっているとするなら、もはや蝉《せみ》とたいして変わらんということになるのぉ。さて、そんな呪文の様にどこかから聞こえてくる「平和」という言葉が、おぬしら国民の望むそれと同じものかどうか、きちんと考えたことはあるか？

よく似たものに「民主主義」という言葉がある。

それを一番口にするのは学者や研究者ではない。政治家の一番目立つ所にいる奴じゃろ。その言葉を効率よく「使って」、自分達がちゃんと国民のことを考えているように見せる、自分達がちゃんと国民のために働いているように見せる。実際の中身などどーでもよい。自分達の行動の全てはその理念に基づいていますよと宣言さえしておけば、それでよい。よくできた道具じゃな、その言葉は。それさえ聞いていれば、おぬしら国民はなぜか安心してしまうというわけじゃ。それの本質とは明らかに異なるものが横行していたとしても、たいして反発もせずに黙って放りっぱなしにしているところを見ると、そう思えるぞ。そういえば、蝉の鳴き声も代表的なやつは「ミンミン」と「ジーワジーワ」じゃったの。どことなく似ているものだから、耳に流して季節の風物詩と勘違いしておるのか？（笑。

もっとよく考えよ。

誰かがそうだと言った言葉を、甘んじて鵜呑みにするだけで終わりにするな。

与えられた答えだけが、唯一無二の「正解」だと妄信してどうする。

神の言葉を捻じ曲げることも、それが罪にはならんこの国じゃぞ。

豪勢な肩書きに恐れをなして、疑問も挟まず従うつもりか？

己の知識や器を超えてまで、見栄や虚構を張る必要は無い。

意見は常に異なり合う。無理して合わせることもない。

もっと自分なりに、よぉく考えてみよ。

そして、その時間を惜しむでない。悩むことを恐れるでない。

情報の取り込みに費やす時間を優先するのも悪くはないが、
賛同するだけの判定ごっこでは「考えた」とは言えぬぞよ。

然るにそれは、操作された多数決の結果にも流されかねん。それこそ悪の思う壺じゃ。

政治の絡む話に限らず、全ての物事はおぬしら自身の営みのどこかに必ず繋がっておる。

その因果の枝脈を見極めよ。それが、自身の頭で「考える」という事の始まりになろう。


確かに、人間ひとりに与えられた時間には限りがある。総じてそれは儚く短い。

その大切な時間の一部を切り取って差し出すことは、ある意味尊い「犠牲」といえよう。

そういう犠牲をみんなで少しづつ出し合って、お互いがお互いを思い合い、縁を紡いで、
そこから得られる答えが真の「平和」につながると、こじつけのようにそう思う。

なかなかどうして、説明するのは難しいのじゃがな。

この国は戦争をするつもりでおるのか？
ならばその、「戦争」の話を引き合いに出すのが易しかろう。
戦争を起こすためには全員の同意が要る。全ての国民の同意が要る。
たとえ国を守るためだったとしても他国の誰かを殺してしまえば、それは戦争になる。
どちらが先に殺したか？そんな事は関係無い。正義の有無も、法の定義も関係無い。
誰かの国に落っこちて、町を焼き、人を殺せる武器を配備していれば、それは戦争じゃ。
仮想敵国だなどと誤魔化してみても、そんな嘘は通用せん。武器という物がそこに在れば
口実などいくらでも作り出せる。歴史の仔細を学ばずとも、それぐらいは分かるであろう。
その避けられない戦争に足を突っ込んでもよいと、誰が同意した？
この国は人を殺せる武器を持っておるが、いつ全員がそれに同意したんじゃ？
いーや、違うな。
「この武器は厠《トイレ》を掃除する道具です」のマヌケな言葉に騙されるという形で、国民全員が
同意したんじゃ。それが「戦争の道具ではない」と誰かが言ってくれたことに安心して、
武器が平和の道具だというおかしな考えを国民全員が受け入れたんじゃ。騙した側にして
みればコレ幸い。その言い訳は絶対の民意として未来永劫「使える」わけじゃからな。
この国にはゲンバクの深い傷跡を世界に伝え続ける義務がある。だがそれを「傘」とか
いう妙な枠組みの下から叫んでも、傍から見れば保有国に代わりその揺るぎない破壊力を
喧伝しているのと同じじゃぞ。武器が平和の道具だというおかしな考えは、そういうアベ
コベな平和主義にしかならん。武装した兵士を礼賛する軍国主義とたいした違いは無い。

「武器を持つことに同意した覚えはない！」

今更そんなことを言うのであれば、手にしているその武器を捨てられるのか？

戦争に負けた国が、戦争に勝った国から法外な値段で何かを買わねばならんことは、
もはや抗いようはない。その条件で皆殺しの刑の執行を猶予してもらったのじゃからな。

じゃが、買った物の使い道は金を払った者が好きに決めてもよいのじゃろ？

ならば、これ見よがしに売り付けた国の施設を作る海の埋め立てにでも使えばよかろう。

おふざけが過ぎるか？そんな冗談も通じぬほど、武器を捨てるのが怖いか？

そりゃあ怖かろう。自分を守ると思っていた物が目の前から消え失せ、裸になって痛みを
味わう自身の姿なぞ誰も想像したくはないじゃろうからな。

しかしそれが、「平和」を他人任せにして「犠牲」から逃げ回る理由じゃ。

痛いのが怖いから、商売上手な詐欺師が見せるお買い得な平和に疑いもなく飛びついた。

それが「偽りの平和」であると薄々気付いているにもかかわらず、それを平気で導入して
しまう「他人」に判断を委ねた。結果、その他人にまんまと付け入られ、後はその他人の
やりたい放題というわけよ。「痛みを味わいたくなければ、俺様に従え！」とな。

そんな他人が、有事の際に本気でおぬしらを守ってくれるとでも思っているのか？

そいつらは、戦争が始まればイの一番に安全な場所に逃げ込むに決まっておろう。

自分達が死んだらこの国は終わりだとかなんとか言って、茶の間でテレビでも見るように
死んでゆく兵隊や哀れな国民をマヌケと笑って眺めている。

だいたいまあ、そんなもんじゃぞ。

第４章　12話　平和じゃない話

ところで、先の大戦は誰が始めた？他国の人間を殺してでも国を守れと言い出したのは誰じゃ？あれだけの数の人が死に、苦しんだ。あの戦争を引き起こした責任は誰にある？

ほーれ、そんなところにも国民と政治家とで認識の違いがあるではないか。政治家の解釈によればこうであろう。戦争好きな国民が時の政権を動かして、国民の強い要望で戦争が始まった。多くの者が命を落としたが、自らの選択ゆえに致し方無し、とな。それに対し、国民の認識はどーじゃ。自身の身から出た錆などと考える者は何人おるか？政治家がそんな認識で、たいした反省もしちゃおらん確たる証拠がある。それを象徴するおかしな言葉がある。政治家が口を揃え、世に広めた『犠牲者』という言葉じゃ。

では聞くぞ。その犠牲者とやらの「犠牲」とは何じゃ？後付けの「犠牲」が何故言葉として成立する？確かに、辞書を引けば「災害などにより意図せず命を落とした者」との記述もある。だが、辞書がどう言おうと、そこに「犠牲」の精神が存在する証拠にはならん。そんな死に方に「犠牲」という言葉をわざとらしく当て嵌《は》める意図はなんじゃ？猜疑は拭えぬぞ。

果たして、戦争の結果としてかりそめの平和は訪れた。が、その犠牲者らが死ぬ直前に平和を希望して自らの命を差し出したのか？平和を得る事の引き換えに死を選んだのか？そうではあるまい。ほとんどの人間は死にたくなくて死んだ。誰かが始めた戦争によって望みもしない死に方で、望みもしない誰かを生き残す為に、望みもしない犠牲者になった。

「犠牲」を払うつもりは無かったのに、戦争によって意図せず「殺された」。違うか？その責任の取り方にケチを付ける気は無い。じゃが、その言葉を貶《おとし》めた責任は問うぞ。

「犠牲」という言葉はもっと尊い言葉であったはずじゃ。尊い気持ちであったはずじゃ。

単に「殺される」だけでそれを支払ったことにできるような「安い」言葉ではない。

少なくとも間違った形ではない「犠牲」を語るために、また例えばの話をするぞ。

例えば、武器を振りかざし攻撃を実行している者がいるとしよう。

その者に銃口を向け「平和の為に武器を置け！」と言って、素直に武器を置くと思うか？

自身の武器が相手の武器より強くても弱くても、同じであったとしても結果は変わらん。

むしろ、先に武器を置かねばならんのは公然と「平和」を謳う側じゃ。

恐怖に耐え、傷付く痛みにも屈せぬ勇気を見せるのは「平和」を主義と掲げる側じゃ。

しかし、そんな勇気は無いのじゃろ？

先に武器を置いてやる、そんな優しさも無いのじゃろ？

　武器を持つのに必要だった全員の同意は、武器を置く時にも必要になる。

もちろんそれは、武器を持つ時よりもずっと困難な選択になることは間違いない。

じゃが、そうやって払うのが「犠牲」ではないのか？

そうやって手に入れるものが、真の「平和」というやつではないのか？

どちらが先に殴り始めるか？ではない。

どちらが先に優しさを見せるか？じゃろう。

手にした武器を手放すことが難しいなら、せめて少しでもいいから優しさを見せよ。

命も含めた全てを差し出せとは言わん。せめて少しでもいいから相手のことを考えよ。

そのほんの少しの「犠牲」から、「平和」への道は始まるのじゃぞ。

もちろん、そっちの「犠牲」にも「格差」はつきまとう。隣りの国に近いとか遠いとか、地震が多いとか少ないとか。土地の高さや川の流れ、何かの通りの良し悪しや、音や光の煩わしさもある。激しい雪の北側や、迫り来る南の暑い夏。東の都に西の街、過疎に泣く村もあれば、退去を強いられる町もある。狭いようでいろいろじゃ。もちろん、金を持ってる持ってないとか、情報の速さや正確さとか、そんな俗な理由で差ができることは疑いようが無い。立地や境遇の違いで払う「犠牲」も違ってくる。

その「格差」が人の不和を生む。

勝ち逃げた者は「犠牲」の存在を忘れ、偏った犠牲に泣く者はそれを「犠牲」だとは思わなくなる。そうやって少しづつ「犠牲」の概念が薄れ、単純に他者よりも有利になろうとする欲望のみが横行する。格差によって生まれる不和は、平和の道筋をも逆行させせかねん。政治家はその格差ですら政治の力で解決できると豪語するが、中央集権に固執していては何も変えられまい。政治を政治家だけの特権にしていては何も変わらん。誰かがやるだろうという「無関心」が格差の亀裂を押し広げてしまうのじゃからな。

では、改めて問うぞ。

その格差の間隙を埋められるモノは何じゃ？

格差の存在を否定せずに、不和を緩和できるモノは何じゃ？

薄れゆく「犠牲」の概念を人の心に取り戻し、「平和」へと導くモノは何じゃ？

その答えは、考えよ。

さて、小童の姿をした者にそんな話を説かれても、誰も聞く耳なぞ持ちゃせんじゃろ。

そんな戦争と平和の与太話が自治会なんぞの行く末に関係あるとは、誰も思わんじゃろ。

どちらも関与する者全員の「犠牲」という名の優しさがなければ成り立たん。

まぁ、そんな話じゃ。

町の小さな平和も、世界を取り巻く大きな平和も、理屈は同じじゃぞ。

第五章　が起こる前に

人の道に照らして言えば、速く・力強く動ける方がゆっくりしか動けぬ者に道を譲るのが道理じゃが、最近はその逆の方が「経済的効果が高い」らしい。

　信号の無い横断歩道に横断しようとする歩行者がいたら車は止まらなければならない。そんなルールがあるってことは知ってる。でも、走るクルマ全部が全部、それを守ってるようには見えない。知ってて無視してんのか、知らずに忘れてるのか、それは分からない。子供の目から見たら、時々親切な人が止まってくれるんだなー、ぐらいにしか思わない。例えばこのルール、老若男女子供の時から繰り返し繰り返し呪文のように教え込んだら、免許持ってる人はちゃんと止まるようになるのかな？　それとも、歩行者はクルマが必ず止まってくれるはずだと思い込んで、あちこちで事故だらけになるのかな？

　危ないな、って認識も毎日ちょっとずつ繰り返してたら危険だとは思わなくなる。今日無事に過ごせたら明日もたぶん安全だって思っちゃう。それって、安全の中に危険は住んでるとかって言うやつだよね。あれ？逆か。危険の中から安全は生まれる、だっけ？多少不便な世の中の方が安全に暮らせたりするってことなのかもね〜。

な〜んて考えてる間に車にはエーアイちゃんって名前の女の子が搭載されて、ボヤっとしてる歩行者なんか急ブレーキやスピンターンで回避してくれる、そんな世の中らしい。でも、そのシステムを上手に騙して誤認識させちゃえば暗殺とかいろいろやりたい放題ね、って黒みどりんが言ってた。オイオイ、すんなよ暗殺（笑。

ブーン
この横断歩道に昔さ、
雨に流れても
浮き出てくる
赤いシミ、あったよね？
あー、我が街の七不思議と言われてた、あれね
あれは去年亡くなった野沢さんちのおじいちゃんのいたずらだったって親が教えてくれたわよ
信号も無くて危ない場所だったから、子供がこっちを通らないよーにって
まーじーでー！あれが怖くて私ここの横断歩道が1人じゃ渡れなかったんだよー
くやしーっ
じわっ

町を歩いている時、ふと他の自治会の掲示板をみつけたりすると何が貼ってあるか思わずチェックしてみたくなったりする。自治会の仕事をしてる人あるある、でしょうか？

　自治会で設置している、もしくは管理している「掲示板」に何を貼っていますか？一番多いのは、行政から送られてきた防災とか詐欺注意とか標語の書かれたポスターなどでしょうね。中には自前の会報を貼ったり、子供が学校で書いた注意喚起の絵や習字などこまめに貼り替えている自治会もあったりしますが、それはやや少数派ですかね。その掲示板を誰が見ているか？って、その効果についてどのくらい把握していますか？団地などの集合住宅ではエントランスにそういった物は設置されていることが多いので、割と人目についているかもしれません。なるほどと思うのですが、エレベーターの扉の横にあると読んでもらえる率が上がるそうです。設置場所は思い通りにはいきませんけどね。

　でもそこは結局、見る人の側の関心がどれだけ高いか？によりますよね。ぶっちゃけ、元々関心の高い人は掲示板より先に情報は得ています。関心の低い人は見て見ぬふりか、悪ければ掲示板をこまめに貼り替える大変な仕事をする自治会の役員なんかやりたくない、自治会に入りたくないと思ってしまうのかもしれません。

　行政は安易に「自治会に送っとけばいい」と掲示物を出してきますが、その考えが加入率の低下はおろか、社会への関心の低下を招く危険があることも考慮すべきだと思います。「無いよりもマシ」なのは分かりますが、停滞は衰退と同義であることもお忘れなく。

イカノオスシって知ってるわよね？
もちろん！
幼稚園くらいの頃かなぁ
海沿いの親せきの家で田舎だからか人も少なくて夜は少し怖いところで
そこで夜、宴会があったんだけど
そこで出た「イカのお寿司」が
すっごくおいしくて
コリコリの食感で噛めば噛むほど甘みが出てきて
イカってこんなにおいしいんだ！って
寿司の話じゃないんだけど…

子供に好き放題させて、親は馬鹿話に興じている。そんな無責任で社会性の無い親に育てられた子供が将来、夜の公園で迷惑を撒き散らしても平気な若者に育つ

　分かっておる、分かっておる。それぞれの家にそれぞれの家の教育の方針というやつがあって、たとえ神様と言えどそれに口出しできぬことは重々承知しておるぞ。

子育ては大変なのじゃろ。母親どうしのつき合いや情報収集も大事なことなんじゃろ。

いろんな苦労を重ねて、ひとりで頑張って、自分なりによくやったと満足したその矢先に出来上がったモノにケチをつけられたりしたら、そりゃあ面白くも無いであろうな。


　じゃがな、世間の評価はそんなもんじゃぞ。

人はな、パッと見の印象とそこから及ぼされる損害がキレイにつながると安心するんじゃ。

悪い親から悪い子が育つ、身勝手な親を見て育つ子に社会性があるとは誰も思わんじゃろ。

それは偏見や間違った固定観念かもしれん。悪意のある言い掛かりの類かもしれん。

じゃがな、損害が及ぼされるところまで進行してしまっては誰も責任は取っちゃくれん。

そうなったらもう、虚しく泣き寝入りするしかないのじゃよ。それを哀れと笑うのか？

子供に好き放題させる親のその姿に、人々が眉をしかめるのはそういうわけなんじゃ。


　そうならないために、そういう被害が起こりにくくするために、できる事は何か？

周りの人間が支援できる事は何か？反発や険悪を起こさずにできる事は何か？

そう考えてできた事は「放送で夕焼け小焼けを流す」くらいだったんじゃろうな。

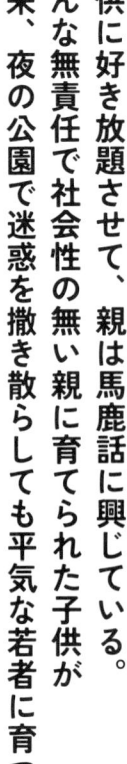

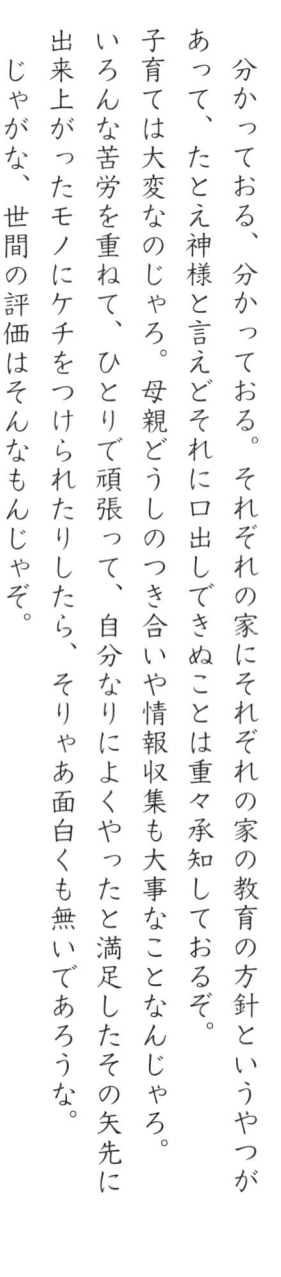

お、もう8時か
あとは家でやるわ
みどりんは時間に正確だね
お、もうメシか
あぁ、このスマートウォッチね、毎時０分に時報がブルっとするように設定してあんの
Bluetoothで連動
20:00
20:00
へ
これのおかげで、夜遅くまで勉強のし過ぎを防げるようになったわ
ぱぁぁ
ぁぁっ
そんなセリフ吐く奴、生まれて初めて見たわどんだけ勉強好きだ貴様

悪質な訪問販売にオレオレ詐欺、怪しい宗教やネズミ講。そういった「地域の住人に深刻な被害を及ぼす犯罪集団」は自治会の撲滅を目指して地道な政治活動を続けている。

　制度自体を批判するつもりはありませんから、そのままの名前で言っちゃいますけどいわゆる「マイナンバーカード」の早期普及キャンペーンの時に、感じた事があります。「そっちのお祭り期間中、警察の特殊詐欺防止キャンペーンが心なしか控えめだった？」すでに過去の話で証拠もありませんし、個人の受け取りなので本気にしないでくださいね。でも、換金性の高いポイント還付が急げばお得とか言ってる横で「それが詐欺の手口だ」なんて大きな声じゃ言えませんもんね。そのくらいの忖度は大目に見てあげましょうよ。

　そうでなくても、その手の詐欺防止策はいろんな配慮が必要になる。例えば、具体的な対策を示していてそれが破られた場合、被害にあった人は当然その責任を追及しますよね。さらに、それを逆手に取った詐欺被害擬装詐欺なんてのも、もはや笑い事じゃありません。さらに、下手な対策で誰かの商売を阻害しようものなら批判は政治の場にも及ぶでしょう。商売の基本は良くも悪くも騙してナンボ。有効な詐欺対策は国の経済を減速させかねない。だってお金は大事でしょ。だからみんな騙される。誰かが騙されて経済は回るんです。

　詐欺の被害はなくなりません。警察でさえ確実な対策を打ち出せていないんですから、我々庶民の自治会が解決できる問題ではないんです。俳優の顔写真付き全国一律忖度盛りチラシが信用できないなら、私のステッカーでも玄関に貼っておいてください（笑。

何してんの？
ふむ
かみさまは鏡にも映るし
影もある、
パシャ☆
一緒に写真にも撮れる、
興味深い
鏡に映るのを嫌うのは邪な悪の属性を内に宿すものじゃろう
そんな低俗な輩と一緒にするでないぞ
あー、ドラキュラとか鏡が嫌いだもんね
ドラなんとかは知らんが正体を見破られるからじゃろ、鏡に映ると
コやつか？
カメラのレンズも同じかしら？
悪い訪問販売の奴はそれを向けると逃げていくなぁ
けけけっ
見破られると都合が悪いんじゃろ

第5章　5話　歩きスマホ

「歩きすまアホは危険ですからおやめください」などとお願いしても、例示する危険の度合いが低過ぎて誰も耳を貸さんのだろう？　今更、恐るべき真実を伝えてやったところで、誰も信じはすまい。

暗い夜道、光る板で死んだような顔を青白く照らして歩いてくる輩を時折見かけるな。

ゆいとみどりはそれを「ひとりお化け屋敷」などと呼んでおったが、言い得て妙じゃな。

はてさて、中身が何かは知らんがよほど楽しいのだろうなぁ、それを覗き見ることは。

単なる暇潰しか？手持ち無沙汰か？人と関わるのが嫌でそれに逃げているだけなのか？

理由がいずれであったとしても、それが「快楽」である事に変わりはないのだろう？

疑わしいというのであれば、それが無理矢理に遮断された時を思い浮かべてみるがよい。

覗き込んでいたそれを、突然誰かに邪魔され奪い取られた自分の姿を想像してみるがよい。

遠い異国の古い歴史によれば、その状態を悪用して恐るべき暗殺集団を作り出したと聞く。

快楽の遮断によって生み出される精神的な障害は一時的な不快の感情だけでは済まぬぞ。

心当たりはあるのではないか？怒りっぽくなったり、己の情緒を制御し難くなる話じゃ。

悪はそれを見逃さぬ。奴等はその状態が詐欺や暗示にかかり易いことを知っておるのだぞ。

道を歩きながらそれを覗くということは、突然の遮断を承知でその快楽に身を置くということは、そういう危険を甘受するということじゃ。人として弱くなるのは言わずもがなよ。

ま、周りの人間はその遮断する側にはなるべく回らぬことじゃ。下手をすればその報復として、ゴミを捨てられたり物を壊されたり、地域に災いを呼び込みかねんからな。

ドンッ!!
おいっ!
役所の職員が庁内で
歩きスマホとか
してんじゃないわよ。
みっともない!
おめーみてーな
女は出世
できねーぞ!
フン!
あー、
また何か
あったのね
市民生活協働課
キィーーッ!!
ダダ
ダダ

道路を使う全ての人々の心から
ゆずり合いや思いやりの精神が失われたせいで、
自転車は歩道から車道に追い出された。

「なぜ？は5回以上繰り返すと真実が見えてくる」、ある企業で格言的に使われている手法だそうですが、これを使って先日ウチの地域内で起きた事件を検証してみます。

ある高齢の男性が自宅駐車場内でブレーキとアクセルを踏み間違え、隣家との塀を破壊。

なぜ、老人は車に乗ったのか？→近所のスーパーに買い物に行くためだったとのこと。

なぜ、近所なのに車を使うのか？→ご老体ゆえ歩いていくには荷物が多く、大変だから。

なぜ、自転車を使わないのか？→数年前に改正された道路交通法で自転車は車と同じ車道を走らなければならなくなった。その頃から自転車は怖くて乗らなくなったとのこと。

なぜ、そんな法律ができたのか？→愛好家の増加、電動アシストの普及と子乗せ自転車の高性能化、それに伴い事故が急増。政府は欧米並みの法整備を謳い、鳴り物入りで改正。

なぜ、自転車が引き起こす事故が増えたのか？→…そこはかみさまにでも聞いてください。

もちろん、全ての事例が全部同じ原因につながっているとは考えていません。ですが、失った物への無理な埋め合わせが「歪み」となって弱い部分に表れていることは確かです。

話をガラっと変えますが、改正された法律を取り消して元に戻すことはほぼ不可能なんだそうです。なぜなら、政府官僚は「間違えた」と言ってはいけないルールがあるから。その人達がたとえ何かを踏み間違えたとしても、それは「車のせい」になるそうです。

お買い物、いつもありがとうよ
おばあちゃん、自転車もう乗らないの？
前はけっこう乗ってたよね？
今は車道を走んなきゃなんないだろ
生きた心地はしないよ
ふーん、じゃあ運動不足だね
お母さん、ダイエット失敗したよね？
バーン
なんですって

第５章　７話　疫病

疫病も災害も神様の意思だ、なんて今どき言う人はいない。
でも、それがもし本当にそうだったら私たちはどうすればいい？

最近、マイノリティや差別の問題を語る時に「多様性」って言葉をよく聞きます。環境の変化や病気に対する抵抗力に違いを持たせて種の絶滅を回避できる確率を高める、それを「遺伝的多様性」って言うんですけど、多様性の話なら私はそっちの方が好きかな。世界的なパンデミックの中で感染者や重症者の割合が国によって違うのは政治の良し悪しだけじゃない。遺伝子レベルとまでは言わないけれど多様性が成した結果もあると思う。かみさまの言う通り、災厄が神様のご意志だって昔の人は信じてたからケガレをハラウの意味を込めていろんな文化を確立してきた。家に上がるのにクツを脱ぐ習慣も、何かを始める前に手を洗い清めるのもそう。スースーする羽織袴や着物で生活したり、世界的に見れば変な物を伝統的に食べてるのだってそうよね。そういう物に体内の免疫力を高める効果があったってことも、結果から見れば多様性が勝ち取ってきた進化じゃない？

確かに、科学は進歩して疫病が流行ってもすぐにワクチンができたりするようになった。でも災厄は常に斜め上を狙ってくる。そのワクチンにしたって、体の中にある免疫機能が充分に足りてなかったら、ただの無害な毒なんでしょ。絶対の万能薬なんかじゃない。何がどうであれ、一定の人は命を落としてる。数字云々で片付けられる問題でもない。今回の災厄で私たちが出した答えは正しかったのかどうか？神様は多分、教えてくれない。

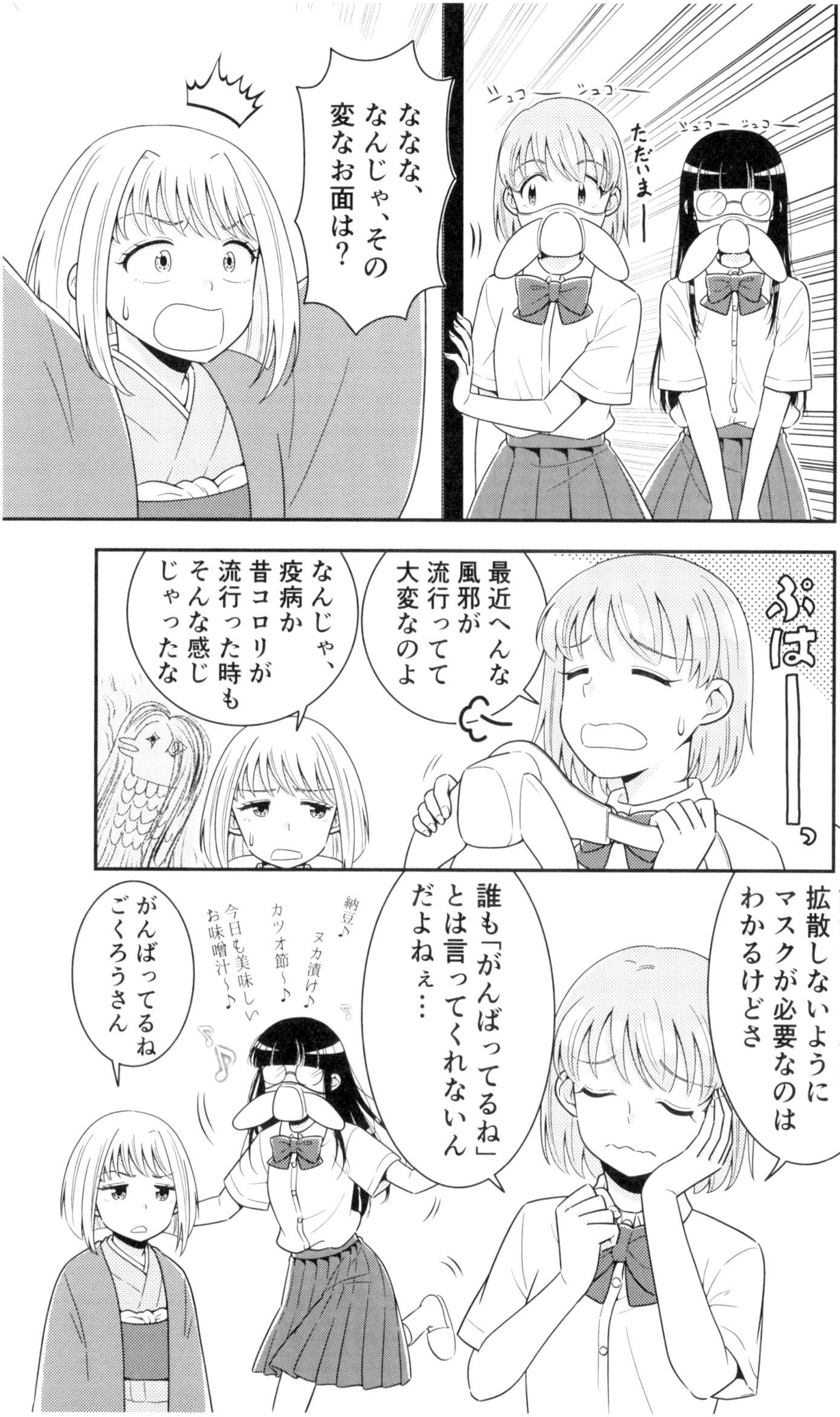
ジュコー ジュコー
ただいまー
ジュコー ジュコー
ななな、なんじゃ、その変なお面は？
ぷはーーっ
最近へんな風邪が流行ってて大変なのよ
なんじゃ、疫病か昔コロリが流行った時もそんな感じじゃったな
誰かにウイルスを拡散しないようにマスクが必要なのはわかるけどさ
誰も「がんばってるね」とは言ってくれないんだよねぇ…
納豆♪
ヌカ漬け♪
カツオ節～♪
今日も美味しいお味噌汁～♪
がんばってるねごくろうさん

自治会は、災害に備えて自分の助け方を学ぶ人を応援したり、誰かを助けたいと思う人を応援したり、行政を応援したり、するだけ。基本的に「自治会は誰も助け（られ）ない」

想定を超える激甚の災害の中で私が危惧する、聞くことになるであろう台詞があります。

「自治会は災害時に役に立つんじゃねーのかよ」とか「自治会が何とかしろよ」だとか。

そんな馬鹿なコト言う奴はいない、と言い切れるでしょうか？私はいると思いますよ。

なぜなら、自治会はそーゆー物だとずっと宣伝してきたからです。メディアも、行政も。

自助・共助・公助なんて言ってても、結局のところ災害時はみんな被災者です。完璧な「助け」なんて、誰にもできません。何をどうしたって不完全にならざるを得ない。

冒頭で紹介したようなお馬鹿さん達は、その「不完全さ」を執拗に追求してくるんです。

手近な、一番弱そうな、行政の下請け機関と勘違いされた自治会にそう言ってくるんです。


ある意味、それは誰かの思惑通りなのかもしれません。

曖昧な枠組みを作って地域防災の有用性を宣伝してきたのも、そうやって必ず噴き出る批判や苦情を、言っても意味が無い自治会に向けさせるため？だったのかもしれません。

「助成金は出すよって言ってたのに何もしてこなかった自治会が悪い」なんて酷い台詞、行政は吐きませんけどね。結局、その時の運に頼らざるを得ない、それが現実でしょう。

変な責任を追求される理不尽さに対抗できる精神的な強さや、それなりの災害対策を構築できる力量が無いのなら、「災害時は何もしない」を宣言する選択肢もアリだと思います。

キャー
ワー
バシュウウウ
ハッ
ぐぐっ
ゴオオオオ
わーっ
キャー
バーーーン！
何の真似じゃ？おぬしら

忙しなく動き続ける時計の針なぞ見ておったら、
否が応でもセカセカと感じざるを得ない世の中じゃ。
少し努力してモタモタしてみるぐらいでちょうどよいぞ。

　知っておるぞ、「でじたるとらんすほーめーしょん」などと呼ばれておるやつじゃ。

すまアホに使われとるのと同じ技で、要は人間が楽をして心の無い機械に仕事をさせる、
そのために人の暮らしを機械の側に近づけようと、そんな取り組みのことを言うんじゃろ。

何でもかんでも「でじたる」に任せて、より早く・より速くと人を急かしているわけじゃ。

流れに乗れぬ者は人にあらず、取り残されたくなければ黙って政府の仕組みに従え、か。

曖昧なぽいんとまで餌にして、挙げ句の果てに「今ならお得、早くしないと損します」か。

そんな詐欺師の手口まで使って何をそんなに急《せ》いておるのだ？

何を企む？何故そうまでして人を焦らせる？余計なことを考える暇を与えぬためか？

脆弱を見破られる前に実行支配を固めるつもりか？それともただの酔狂か？

「加速した情報処理能力により、人々の生活に余裕とゆとりが生まれる」じゃと？

馬鹿をヌカせ。その生まれた「余裕」に新たな仕事を無理矢理詰め込むつもりじゃろう。

「ゆとり」を享受できるのは上層の者ばかりで、貧乏人に暇なぞ与えぬつもりじゃろう。

知らんのか？物事は大きかれ小さかれ、加速するよりも減速するほうが難しいのじゃぞ。


　やがて訪れる壊滅的な人手不足を補うためという理由も知っておる。もはや手遅れかもしれぬという焦りも分かる。だが、己の都合ばかり押し通しても子供の我儘と同じじゃぞ。

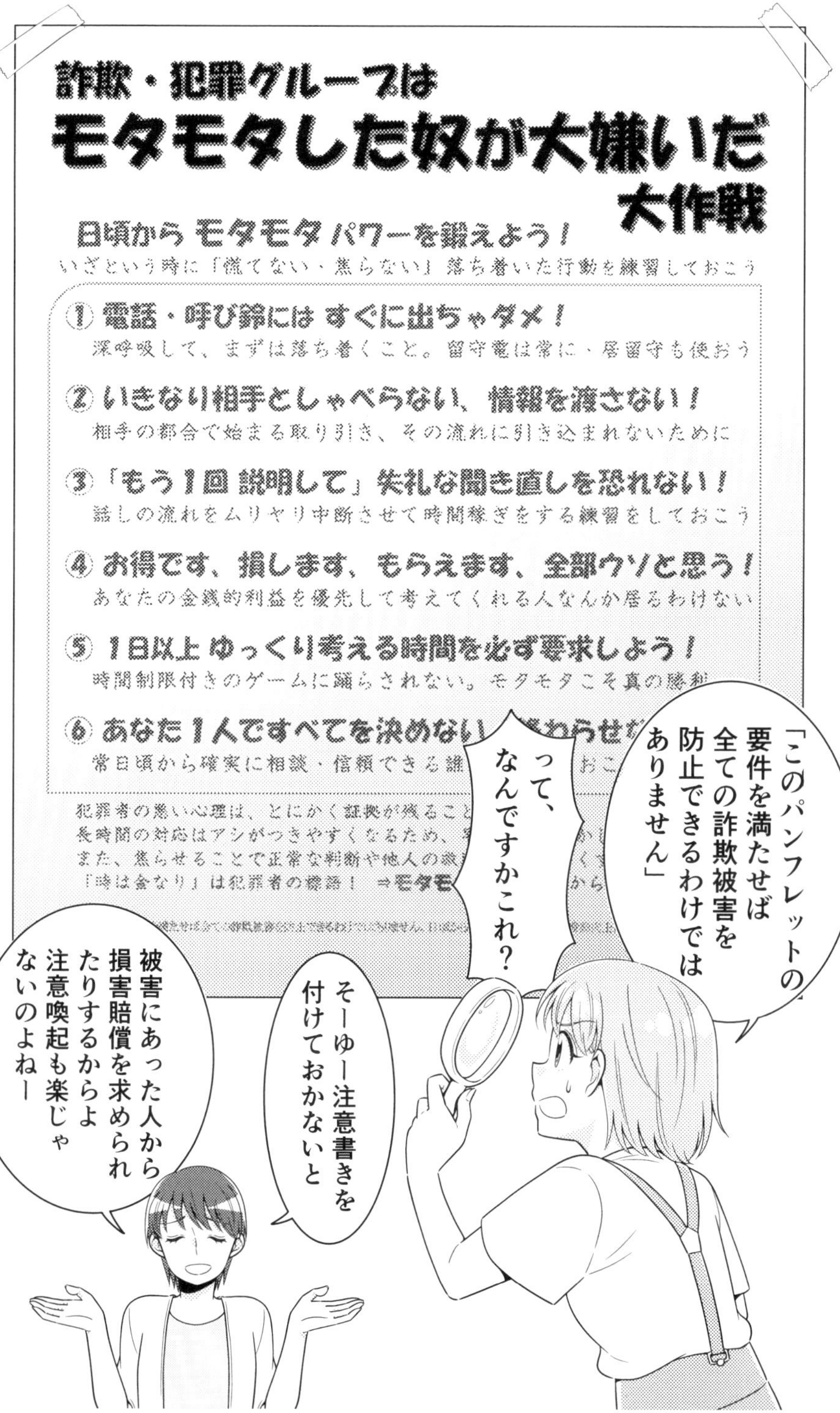

詐欺・犯罪グループは
モタモタした奴が大嫌いだ
大作戦
日頃からモタモタパワーを鍛えよう!
いざという時に「慌てない、焦らない」落ち着いた行動を練習しておこう
① 電話・呼び鈴にはすぐに出ちゃダメ!
深呼吸して、まずは落ち着くこと。留守電は常に、居留守も使おう
② いきなり相手としゃべらない、情報を渡さない!
相手の都合で始まる取り引き、その流れに引き込まれないために
③「もう1回説明して」失礼な聞き直しを恐れない!
話しの流れをムリヤリ中断させて時間稼ぎをする練習をしておこう
④ お得です、損します、もらえます、全部ウソと思う!
あなたの金銭的利益を優先して考えてくれる人なんか居るわけない
⑤ 1日以上ゆっくり考える時間を必ず要求しよう!
時間制限付きのゲームに踊らされない。モタモタこそ真の
⑥ あなた1人ですべてを決めない
常日頃から確実に相談・信頼できる
犯罪者の悪い心理は、とにかく証拠が残ること
長時間の対応はアシがつきやすくなるため、
また、焦らせることで正常な判断や他人の
「時は金なり」は犯罪者の標語! ⇒モタモ
「このパンフレットの要件を満たせば全ての詐欺被害を防止できるわけではありません」
って、なんですかこれ?
そーゆー注意書きを付けておかないと
被害にあった人から損害賠償を求められたりするからよ注意喚起も楽じゃないのよねー

第5章　10話　反省した？

毎日同じ時間にやってきて、同じ物を盗んでいく泥棒ほど捕まえやすいものはない。

　そんなマヌケな泥棒が居るわけないと思うかもしれんが、吸い殻のポイ捨て、犬の糞、細い裏道を暴走する車、みんな似たようなもんじゃぞい。たいてい毎日同じ奴じゃ。

たとえばうまく、捕まえて懲らしめることができたとしよう。

恐らくそれで、その場所には平穏が戻るじゃろう。だが、そ奴らは反省などしちゃおらん。また場所を変えて同じ悪事を繰り返すのが関の山じゃ。たとえ罰の執行を猶予する慈悲を与えてやったとしてもな。

一度うまくいった悪事は成功の記憶としてその者の心に残り続ける。幼な子に成功体験を与えて成長を促すように。被害者の汚された記憶がいつまでも消えぬように、な。

たとえばもし、急に法律が変わってその悪事が合法になったら、そ奴らはどーするかな？

同じ悪事を繰り返しても罰を受けることはもう無いと知ったら、そ奴らはどーするかな？

　世の中には「更生する」と言う言葉がある。

一定期間おとなしくしておったら全て終わりではないぞ。むしろ、そこから始まるんじゃ。

二度と同じ事はしないと、一生をかけて証明する「更生」の期間がな。

　さて、戦後八十年。侵略戦争を引き起こした罪の執行猶予期間は終わったぞ。

他国を攻撃できる道理と武力を携えて、この国は何処へ向かうつもりじゃろうの？

なんじゃ！最近の奴は悪い事やってもすぅぐテレビに戻ってくるのぉ
こ奴らも仕事して稼がにゃならんからじゃろ
ちゃんとハローワークで職探しはしたんかな
今の生活水準を下げるほど反省はしとらんじゃろうて
ちゃんと更生して欲しいんじゃがなぁ
そんな姿を世の中に見せたら自分たちの首を絞めることになるんじゃろ
聞こえてないはずなのに
会話が成立してる…

人よりも早く、人よりも多く得をしなければ
自分だけが損をした気分になる。
その行動原理がこの国の経済を支えているとは滑稽じゃな。

あっちの広い道は通らずに、こっちの狭い道を無理に通り抜けていく車がおるな。広い道で足止めを食っている連中を尻目にして得られるほんのちょっとの優越感のために必要以上の労力と危険を冒して「人よりも早く・人よりも多く」という掛け声で、何かの「ぽいんと」をせっせと稼いでいるというわけか。ご苦労さんじゃの。たかだか数秒程度、他人を蹴落としてまでして得られる「ぽいんと」にどんな価値があるんじゃろうの。

そんな「偽造された幸せ」の切れ端なんぞ数えとらんで、よくよく考えてみるがよい。その仕掛けは「自分以外の誰が得をする事も許せない」、そんな人間が考えたもんじゃぞ。ぽいんとに回す分の儲けなんぞ、とっくにそ奴らに吸い上げられているに決まっておろう。ぽいんとを目一杯かき集めてなんとか従来どおりを取り戻せるのが関の山。それに踊らぬ弱き者が死ぬほど損をして、それを愚かと笑っている間にまんまと騙されているだけじゃ。

なんと！そんな弱い者イジメの仕掛けを国家が推し進めておるのか、あきれたな。いや、あるいは賢いのか。そうやって国民を卑《いや》しい性格に変えておけば、他国への攻撃も賛同を得やすかろう。自国民の命や財産を守るために他国民なぞ殺してしまえばよい、とな。

おっと、そういえば裏道をいらん速度で走り抜ける不届き者の話じゃったな。まあ、その程度の幸せをチマチマ集めて喜ぶ情けない連中を、せめて憐れんでやってくれ。

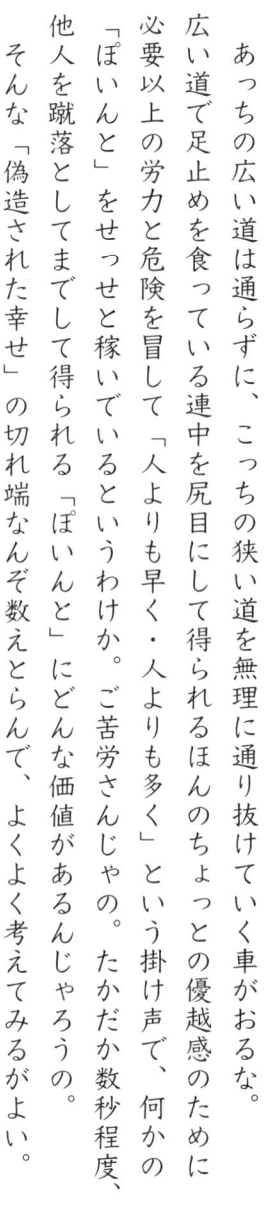

おじさーん！何してんの？
あー、この時間にいつもこの道を使ってけっこうなスピードでここを走り抜けていく危ない車がいるから、撮影してんのさ
へー
誰かからの指示ですか？
石上の姉ちゃんができるなら撮影しとけって
やはり、あの人の差し金か
えー、どんな車なの？
青い軽トラでナンバーは…
けしからん奴だなー
危ないから隠れてな！
飛び出して驚かせてやろうか
やめとけ、死ぬぞ

有事に必要とされる人材を平時のうちに確保しようとすると何もなくても負わされる負担や、取らねばならなくなる責任を疎まれて、（自治会活動のような）平時の人材も失ってしまう

「六角さんは頭がいいから、学級委員をやってください」

小学校でも、中学になってからもよく言われたこのセリフなんですけど、私は嫌いでした。本来の判断基準は他にあるはずなのに、それが分からないからといって成績表の点数を用いるのは納得できません。ちょっとバカな方が面倒くさくなくていいってことですか？

学級委員にしろ、何かの係をやるにしろ、それなりの負担と責任が生じます。もちろん、それを学ぶのが学校という所であるという事は理解しています。だからこそ、そこに偏見にも似た異なる基準を用いることは間違ってるんじゃないかって思うんです。ぶっちゃけそういう「否が応でも」みたいな、押し付けられる感じが嫌だったんですけどね。

学校の、模擬訓練みたいな責任や先生のお手伝いみたいな負担ですら嫌なものは嫌です。大人の、逃れられない、人の命まで負わされかねない責任や負担がどれだけ重いか、想像できないわけではありません。それを無報酬でお願いしようっていうのが自治会ですよね。単に「若いから」とか「人がいいから」とか、そんな理由で役員みたいな責任を押し付けられるとしたら、そこから逃げたいと思ってしまうのは当然ではないでしょうか。

それが変な方向に発展すると、「道路のゴミ拾いをすると役員に適任と思われる」とか、「方針にケチをつけるならお前がやれと言われる」とか、そういう「貢献することは損」

みたいな考えが先行するようになって、善意の萎縮に繋がってしまうような気がします。

もちろん私だって学校が嫌いなわけではありません。クラスの子たちとも仲良くやってきましたし、彼らのために、学校のために何かをすることはむしろ好きだって胸を張って言えます。だから、自分の能力を生かせる、あるいはやってみたいと思う仕事には積極的に参加してきたつもりです。自分たちが毎日生活する場所ですから、そこに貢献したいと思う心はちゃんと持っています。その気持ちがベースになっているってことは確かです。

最近の自然災害の影響を受けてかどうかはわかりませんが、若い人向けのアンケートで「ボランティアに参加して人助けをしたいですか？」の回答に「はい」と答える人が増えているそうです。新聞で読んだその話はそれと同じだと思います。みんなそういう気持ちはあるってことです。社会の側がその気持ちをうまく活用できれば、もっといい世の中になるんじゃないかなと、単純にそう考えます。

例えが正しいかどうかはわかりませんが、「北風と太陽」の寓話を思い出しました。見ず知らずの旅人に自発的に何かをしてもらうために、必要な事とやっちゃいけない事。高齢化や戦争など不安な社会情勢ばかりを吹き付けられたって、私たちはコートの前をしっかり閉じて、目をつむり、身を守るばかりです。必要なのはコートをこじ開ける方法でもなく、壁を作って守ることでもなく、お金の力で何とかする方法でもありません。暖かな太陽のように私たちを上手に導いてくれる、上手にその気持ちを活かしてくれる、そんな人がいたら学級委員はぜひその人にやってもらいたいです。

幕間rkgk

第六章　トラブル

トラブル

人の集まる都市部の景色を1枚切り取るだけでも
人間には処理し切れないほどの「情報」が詰め込まれる。
おぬしらの言う「癒し」とは結局、それが少ないことに他ならぬ

　ほんのひと昔前のこの国の景色は、空の青さと草木の緑であふれておった。それが今はどうじゃ。色の数を数えるだけでも目が回る。そこに大量の文字、文字、文字。皆、よくそんなもんに耐えられるな。もはやそれが苦痛だとは認識してもおらんのか？

　普通の人の営みに馴染めぬ者・ついていけぬ者・それを受容できぬ者はいつの時代にも少なからずは存在した。昨今は「それも個性」などと銘打って、社会的にそれを擁護することで優しさを演出しておるようじゃが、明らかにその数は昔に比べて増しておる。果たして、それはどこから来た？原因は何じゃ？その原因を作ったのはいったい誰じゃ？

　押し売りせねば買ってもらえぬ物というのは、そもそもその程度の価値しか無い物じゃ。景色の中に無理矢理入り込んでくる煌びやかな情報も、えてしてその程度のもんじゃろう。規制さえしない、町に溢れかえる情報はおぬし達に何をもたらした？夢か？幸せか？否が応でも吸収してしまう不必要な情報で頭の中はいっぱいいっぱい。少しでも脳の空き場所を作ろうと苦し紛れに選んだ削除可能な情報が「他者への配慮」だったというわけか。

　目先の利益に囚われてヒトを騙し続け、その弊害が起きたら政治の力でねじ伏せる。そんなことを続けていればどうなるか、予想もしなかったとは言わせはせんぞ。今更、病のように潰れていく人間にチラチラと瞬く癒しなぞ、火に注ぐ油でしかなかろう。

今日は社会見学に行くわよ
わ!なんか楽しそうですね!
ここよ
うわ
なにこの家?
ゴミ屋敷ってやつですね
ここは特に悪質なタイプね
ま、自治会活動を理解できなかった人の成れの果てってとこかしら
アート作品
観覧料
1000円
なんか、怖いね
ウチの町にこれがあったらと思うとゾッとします
そう思うことくらいしかできないのよ、実際
さ、行きましょうか

ある日、出会うかもしれないクマさんのために鳴らす「熊よけ鈴」が、その音の届く範囲内にいる多くの人間に殺意を伴う嫌悪感を芽生えさせる。

　富士山には熊が出るそうです。毎年、何十人も被害者が出るほどたくさんの熊が登山道で待ち構えているらしいです。私は小学生の時から毎年、家族で富士山に登っています。毎年少しずつ標高を上げながらなので、まだ山頂まで行ったことはありません。楽しみは先延ばしするタイプなので。そんなことはさておき、本当に熊なんて出るんでしょうか？あの富士山に。あんな下界まで広々と見渡せる景色の中に、茶髪の熊がぬ～っと立っていたら、変？ですよね。にもかかわらず、ってやつです。その「熊よけ鈴」、そんな場所でも必要ですか？自治会の運営でも同様のトラブルはけっこうあると聞きます。一人のための安全対策や便利さの追求のために大勢の近所の人が迷惑する、なんて話です。

「公を侵して個を護る、他者への配慮を欠いた自由は子供の我儘（わがまま）と同じ」ってセイラさんが言ってました。あれ？言ってたのはかみさまだったかしら？

　確かに、いきなり「それはわがままだろ！」って頭ごなしに叱ったって効きはしません。そーゆー事に配慮している姿がカッコいい、大人が嗜《たしな》む節度ある自由が超クール、それを定着させる、そんな遠回しなやり方で地道にやっていくしかないんじゃないでしょうか。

　ちなみに、私も「熊よけ鈴」は持ってますよ。かわいい小さな巾着袋のカバーを付けて。

あぢー……
バンッ
あらー、なんかいい傘じゃない
いれてー
傘のしかるべき進化、みたいでネットで見つけたんです
みどりんのお父さんねー、こーゆー便利グッズ大好きで、すぐ買ってくれるんだってー
ハ□とか発売されたら即買いだね
べた
べた
ふーん、私も買おうかしら
この露先は気に入ったわ
えーかげん暑いってーの!!
ぺいっ
あらあら
にゃーー

「賃貸住宅に住んでる若い人は自治会に入ってくれない」
本当は、若い人達と仲良くするのに躊躇した古い人達が
その変な常識を意図的に作って定着させた。

その地域に長く住んでいる住人に比較して活きのいい若い人達はたいてい、アパートやワンルームマンションなどの賃貸住宅に住んでいることがほとんどです。私の様な特殊な例は別にして、彼らが地域の活動に参加してくれることはまずありません。そう一般的に思われている、その変な常識を作ったのはいったい誰ですか？って話です。

明確な記録として残っているのは自治会運営のハウツー本の類でしょうか。山積する解決困難な問題のひとつとして引き合いに出され、その表記に世の中が共感してしまった。その流れを好機と見たのが管理会社などの不動産業界。苦情処理で余計な手間を取られる事に加え、物件の人気低下を招く恐れのある地域活動は利益の確保に影響を与えかねない。自治会の側が若い人達をそういうふうに扱うのなら、「世の中はそういうもの」と認識し自治会から距離をおき、地域への依存度を下げることに成功。よほど親切な不動産屋さんでもない限り、自治会への対応が冷たいのは自治会側が蒔いた種があるからこそなのです。

しかし、見方を変えれば被害者はその若い人達なのかもしれません。自治会が押し付けた古い価値観や管理会社の利権に振り回され、無意識のうちに地域社会から追い出された。「若者がやらなくちゃ」という責任に怯え、凶暴化して巣穴に閉じ籠ってしまった彼等が安心して地域に出てきてくれるまで我々はじっと待つしかない、ですよね。

前から聞きたかったんですが、セイラさんは一人暮らしなのになんで自治会に入っているんですか?
ゴトン
コックリコックリ
ガタン
アラ おかしい?
おかしくはないですが、あんまりそーゆー人っていませんよね?
?
私は私でちょっと、やりたいこともあるのよ
ゴトン
ガタン
うつらうつら…
あなたたちが一緒にいろいろやってくれるからありがたいって思ってるわ
くかーっ
ふがっ
起きろ! このバカ

罰を受けるような悪いことを平気でする人に限って、自分だけが罰則を被ることにあからさまな嫌悪感を示す。

地域に住むたった一人が起こす問題に自治会長が、あるいは自治会名義で改善を迫る、これはやめたほうがいいです。いや、今に至ってはするべきではありません。「自治会のジジィに注意されたムカつく」的なネットの投稿に「いいね！」が山ほど付くような世の中です。地域全体が容疑者を糾弾する「村八分」を想起させるような対処方法は「地域に仇成す鬼を作る」結果を招く。その責任まで自治会長一人に負わせますか？にもかかわらず、行政の作るパンフレットや自治会運営の指南本には地域の問題を見事解決した勇者の成功事例ばかりが紹介されています。料理や折り紙じゃないんですから、素人が同じようにやったって上手に対処できるわけはありませんよね。

とはいえ、「地域の問題は地域で解決してください」のセリフしか言えない行政の側も大変なんです。もともとそういった問題に対処できる能力や権限は持っていないですし、抜け駆け的な親切はいろんな面で偏りを生む。決して意地悪しているわけではないんです。

現在進行形で起こる、鬼の予備軍が成す障害にどう立ち向かうのか？

情けない話ですが、世の中が大きく変わらない限り、これの最良な答えは「泣き寝入り」でしかないんです。それを愚痴っててもしょーがないですから、再発と模倣犯の対策でも考える、そのくらいのことができれば何もしないよりマシと言えるのではないでしょうか。

こんにちはー
お！
自治会長さん、
こんにちは
実は、地域内に
住んでる人の
違法駐車で
困ってまして
なるほど
ウチの参謀が言うには、
直接注意しちゃダメよって
絶対、カドが立つから
なるほど
それでまずは
相談にきたんですね
一応、一番近い
月極駐車場の
空き状況と料金は
調べてみたんで、
5,00
10,000
北口
まずはそれを通知
する貼り紙を
作ろうかなって
いい判断だと
思います
駐車場
あります
その間に、私の方で
どれくらいの頻度で
駐車してるか調べて
おいてあげますよ
よろしく
お願いします

人目につくことを目的にした看板や掲示物。
ちゃんと考えて作らないと、それに貼る位置や量も考えないと
思いが通じないどころか、普通にバカっぽく見えてしまう。

　実は私、目玉の付いたポスターの類が嫌いなんです。動かない、あの「目玉」が。たぶん、幼かった頃に興味本位で読んだ怖い話が原因ですね。いわゆる「ディストピア」暗黒社会とか反理想郷とか言われる世界を描いた暗～い話だったと思います。その世界を支配する政治家が人々をムリヤリ誘導し、その象徴が顔写真のポスターだ、みたいな？

　だから今も、街角のあちこちに貼ってある政党宣伝ポスターはなるべく視界に入れないようにしています。みんな目玉がこっちを向いていて、書いてある文言もそれに似てるの。「あなた達の生活を守（ってやって）る」とか「明るい未来を作（ってや）る」とか。

何となく押し付けっぽいというか、自分たちでなければそれは達成できないよアピールが、そんな意図が絶対に無いとは言い切れないレベルで含まれている、気がするんです。

ええ、もちろん言葉は濁しましたよ。だって、政治家のポスターを批判することは選挙のポスターに落書きしたり破いたりするのと同じ重罪で、見つけ次第銃殺刑でしたよね？あら？それはディストピアの物語の中の設定でしたっけ。

　政治家の活動アピールの生命線なのは理解します。でも、私の町の景色には無くていい。少なくとも子供達が毎日歩く通学路にあれをベタベタ貼りまくるのは、かつての私ほどではないにしろ、子供に恐怖や悪い影響を与えていそうで、お後がよろしくありません。

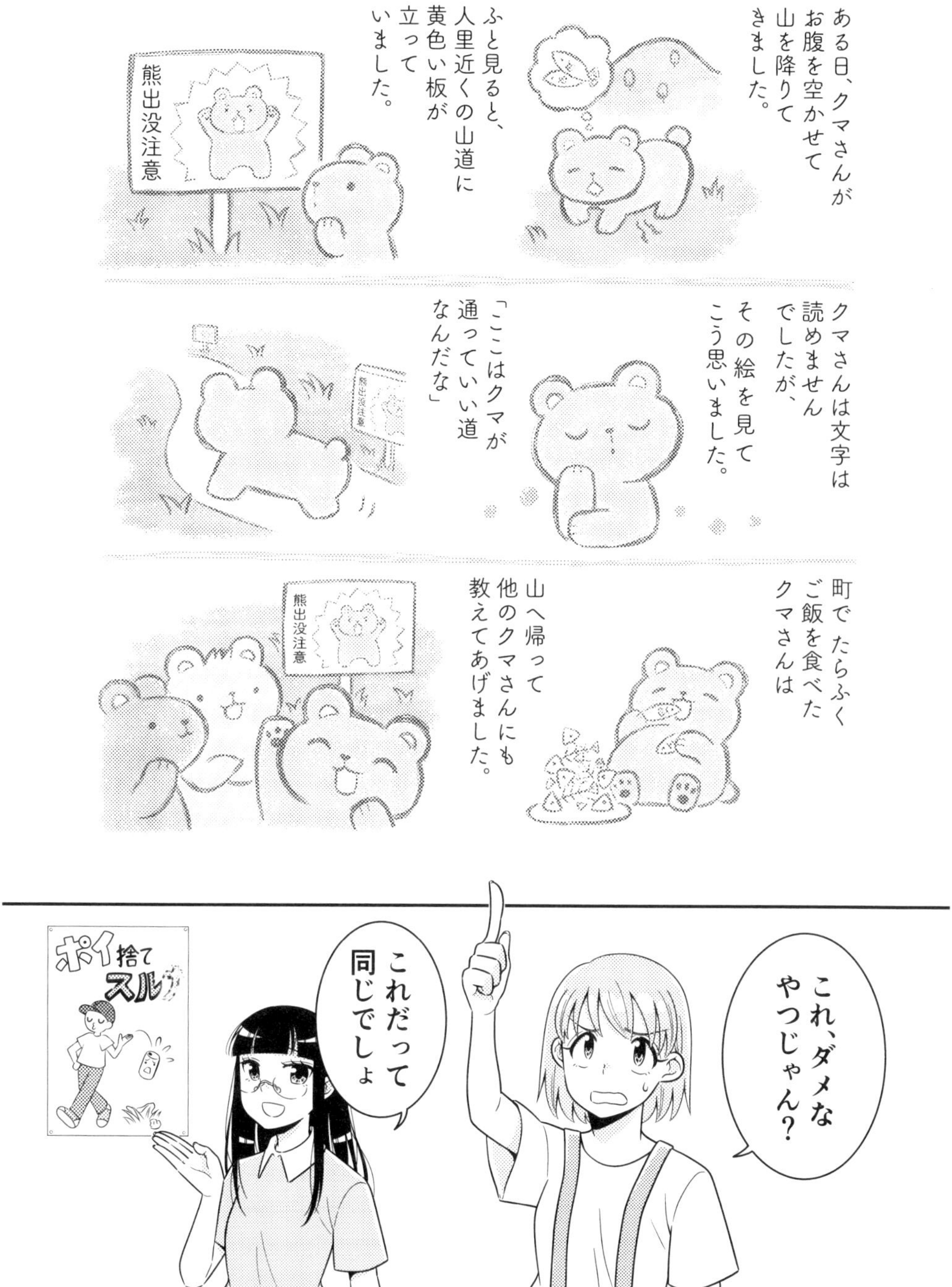

ある日、クマさんがお腹を空かせて山を降りてきました。
ふと見ると、人里近くの山道に黄色い板が立っていました。
熊出没注意
クマさんは文字は読めませんでしたが、その絵を見てこう思いました。
「ここはクマが通っていい道なんだな」
熊出没注意
町でたらふくご飯を食べたクマさんは
山へ帰って他のクマさんにも教えてあげました。
熊出没注意
これ、ダメなやつじゃん?
これだって同じでしょ
ポイ捨てスル

「ボランティアの人が勝手にやった、だから自分に責任は無い」警察も行政も骨抜きにできる、悪党がよく使う言い訳ですがこれを自治会が使ってはいけないというルールも無いです。

これについては賛否はあると思います、迷子ペットの話に限って言えば。飼い主の気持ちになったらワラにもすがる思いで手は尽くすでしょうし、自治会も鬼ではありませんから大目に見てあげるべきなのかもしれません。

ですが、そんな個人的な理由のせいで地域に住む多くの住人に危険が及ぶのだとしたら、単なる親切心だけでそれを黙認するわけにはいきませんよね。その親切心を逆手に取った貼り紙が、詐欺や悪質な訪問販売などを呼び寄せる「撒き餌」になる。お人好しが多くて仕事がやりやすい町と認識させてしまう。そんな弊害が絶対に無いと言えるでしょうか？あるいは、そもそもの目的がそんな悪質さを隠し持っているとしたら、ヤバイですよね。

無責任な言い逃れをスラスラと電話口でまくし立てるような奴がまともな人間だとは思えません。少なくとも地域の治安のために何かしてくれるような人物では絶対にないです。同じ貼り紙が一番効果のある警察署や交番の掲示板に貼られていないのがいい証拠でしょ。そんな人達の利益のために、地域を危険に晒してまで協力する必要があるのでしょうか？

自治会は一個人を優先して、その利益のために動くことはありません。常に地域全体の共通の利益になる事を考えて動く、それが政治の基本となる考え方のはずです。何にせよ、安物の粘着テープは日が経つと汚く跡が残る。見つけたら早めに処分です！

迷い犬探してるんだって
迷い犬
探しています！
ベ
リッ
えー、かわいそうだよー
たぶん、ネットで拾った画像よ
迷い犬
実在なんかしない
これはね、悪質な企業の宣伝広告なのよ
あるいは、お人好しを探すための罠みたいなもんかもね
迷い犬
確かに、こんな所に個人の電話番号なんて普通は怖くて書けませんよね
ペリペリ
苦情の電話をしてみれば分かる
これはボランティアが勝手に貼ったから責任は取らないって必ず言うから
そもそも電信柱に勝手な貼り紙は違法でしたよね
うんうん
かわいい顔してアタシを騙そうとしてたのかー
迷い犬
探しています！

生きている人間の住まなくなった家の中は
人を不安にさせるような静けさが漂う。
それとよく似た静けさはお墓でも感じることがある。

そういったスピリチュアルな怖さ？みたいなものだけでなく、近所に誰も住んでいない空き家があるという状況は近隣の住人にそれなりの不安や恐怖を与えるものです。失火や放火の危険があったり、ゴミの不法投棄や泥棒にうろつかれる可能性だってありますよね。外壁に固定されている給湯器は内部の金属が高く売れるため、よく狙われると聞きますよ。

では、もしもそういった犯罪や事故が起きた場合、その責任は誰にあるのでしょうか？下手にその空き家に関与・干渉すれば責任の火の粉が降りかかってくる。行政も自治会も、売りに出している不動産屋でさえ下手に手が出せないのはそういう危険があるからです。怖い話をすれば、それを逆手に取った悪徳商法みたいな犯罪にだって発展しかねない。嫌でしょ？善意で様子を見てやってたのに泥棒に入られた途端、言い掛かりをつけられて賠償を請求されたりしたら。ついでに取り壊しの費用まで税金で出せとか、冗談じゃない。

日頃からのご近所付き合いでその問題を予防できないか？とも思いますが、家主が健在ではその手の話は進めにくい。死んでもないのに死んだ後の話ってなんだか失礼ですよね。それがこの問題の厄介な所です。死後の空き家よりお墓の方が大事なんですよ、みんな。

不動産が絡んでいる故に政治家でさえ及び腰な空き家の問題。法律を遵守する側が敷地の外で泣いているのに悪い奴はやりたい放題とかって、これだけの話じゃないですよね？

二丁目の空き家に
幽霊が出るらしい
って、お母さんが
言ってたよ
えっ
宿題も
終わったし
見に行こう
は？
ちょっとやだ
肝試しとか
ダメなんだけど
なんか幽霊
いっぱいいいる
ぎゃあああああ
ボゥ…

家主 様

日頃より、自治会活動にご理解・ご協力いただき、
誠にありがとうございます。

○月○日 ○時頃、
お宅の敷地内に侵入し、無断で庭の植物を採取していると思われる複数の人物を、自治会の人間が確認しました。
警察に通報しようかとも思いましたが、どういった関係の人かも分からず、当方の安全を考え、何もせずに放置としました。

もしも今後、同じような事態が発生したとしても、我々近隣の住人ができる事は限られております。
通常の活動として、自治会の方で地域全体の防犯活動および防犯意識の啓発は行っておりますが、これも地域住人のご理解・ご協力があってこそです。

家主様におかれましても、こちらの家屋を危険な状態で留め置かれますことを少しでも改善していただければ、ありがたく存じます。

ご検討のほど、よろしくお願い致します。

騒がしい！
セイラさん？何してんの？
アタシのウチはこの裏なんだけど
ここ草ぼーぼーで薄気味悪いでしょ。近所の人と計画して夜中に掃除してるのよ
持ち主の人、怒りませんか？勝手にやったら
ふふふ
右ページのチラシを投函する作戦よ
ウソは言ってない、でしょ
ちょっと悪賢い

野良猫を毒殺する、やり方次第でそれは罪に問われない。そんな恐ろしい事件が起こる前に猫の命を守ってあげられるのが「自治会」なのかもしれない。

庭に自生していた毒キノコを野良猫が食べた、これで逮捕されることはありません。わざわざ毒キノコを栽培しなくても同じようなやり方は他にいくらでもあり、そんな凶悪で周到な罠から野良猫を守ることは、残念ながらほぼ不可能だと思います。

庭に排泄し、ゴミを荒らす野良猫を敵視する人はそこに猫がいる限り、必ず存在します。つまり、野良猫が外を自由に歩いていれば、道路での轢死《れきし》を含め、そうやって惨殺される可能性が必ずあるってことです。猫屋敷で無謀な多頭飼いに苦しんでいる猫も、無責任に庭先に置かれたエサで中途半端に飼われている猫も、もちろん例外じゃありません。そんな猫たちの寿命は総じて短く、天寿を全うできる野良猫なんてほとんどいません。

かみさまの言葉を借りて言わせてもらえば、野良猫も同じ地域に住んでいる住人です。自治会費を納めていないからといって駆除するのか？ならば、自治会費も納めずに道端にタバコの吸殻を捨てている馬鹿も駆除したらよかろう、毒キノコでも食わせてな！みたいな？

人には噛み付いてこないという理由で、なんとなく「地域」に投げられた野良猫の問題。一休さんは虎を絵から出してくれれば絶対に捕まえてみせると言いましたが、その問題を誰かが絵から出してくれないと自治会の人だってそれを捕まえることはできませんよ。

猫だ！
大声を出したらびっくりしてしまうだろ
ごめんごめん
でもどーしたのこの猫？
どーしたもこーしたも、知り合いじゃから挨拶しとっただけじゃ
へー。
って、かみさま猫としゃべれるの!?
ちょっとやめてよ、そーゆーの！
うわっ
ギャーギャー
えらいぞー
君はちゃんとサクラ耳だね

悪口を言われ、辱めを受けるのは誰でもつらい。その感情が巻き起こす「負」の悪循環を止めるためには、[redacted]のと同じくらい強い決意が必要となる。

　自治会長なんぞやって目立った動きをしておれば、心無い者達に影口を叩かれるのは当然と言えば当然じゃ。特にそういう体質が元からあった場所でなら、おぬしの時にだけ無いなんてことはまず無かろう。

　まぁ、大昔、社会構造が未熟だった頃に比べたら、そういう嫌がらせも数は減った。未来を予測できぬ不安が妬みや恨みに変わり、その矛先が手近な隣人に向けられる。節分の起源になった「追儺」の歴史を知る者は、もはや多くはないか。為政者が意図的にオニを作り出し、庶民にそれを攻撃させることでウサを晴らさせた、ひどい昔話じゃ。そもそもの社会不安は誰が作ったのか？その答えを暴かれぬように巧妙に立ち回って原因が自分達の責任では無いかのように見せかける。表に出てくる結果にだけ水をかけて、裏では状況を肯定しているというわけじゃ。今も昔も権力者が考える事は変わらんのぉ。

　まぁ、とりあえずはそうやって、上の方の誰かが悪いとでもしておけば気も紛れよう。期待通りの結果など誰も与えてはくれぬし、それを自らが作り出すこともできん。たとえどんな人間であっても、神でさえも、正しい解決方法なんぞ分からんもんじゃからな。

　誰かの助けを期待して土壺にハマることもある。自分の判断に戸惑うこともある。だが、全ての道が閉ざされたと早計に勘違いしてしまっては、それこそ誰かの思う壺じゃぞ。

自治会の仕事に介入するようになって
この高校生たちとつるむようになった
正直、この子達と一緒に居ると
あははは、っ
心癒される
妹のようだって表現はあまり使いたくない
ひどい思いをして死んだ妹を思い出すから
妹にこの子達みたいな友達がいてくれたらと思うこともある
世の中はそう簡単には変えられない
ただの弔い合戦でも構わない
自分にできることを怖気づかずにやってみようと思う

第６章　11話　みんなでやろう

みんなで一緒に考えたり行動したりするのは楽しい。
でも、誰かから命令されて、考えなきゃならなかったり
行動させせられたりするのは、何かイヤな感じがする。

よく、自治会に対して「あれをやりなさい」とか「これをやるべきだ」とか言ってくる人がいるんだけど、そーゆーの聞くと「あー、自治会の役員は大変だなぁ」って思う。でもって、だいたいそれ言う人は「こーゆーのは若い人に頑張ってもらわないと」みたいなことを必ず言うんだよね。どこかの教科書にそう言いましょうって書いてあんのかな？

そこいくとセイラさんは頼もしくて「自治会活動にお客様という概念は存在しません」みたいなセリフをビシッと言ってくれる。自分の親くらいの年代の人にもだよ、すげー。

そんな心強い参謀がいなかったら、私はどうしてたかな？泣く泣く引き受けてたかな？もし、おじいちゃんが自治会長だったら、老体に鞭打ってそれに従っちゃうのかな？

「地域のため」だからやるべきかもしれないけど、お客様にご奉仕するみたいな感覚で「やらされる」のは誰だって嫌だと思う。役員ならそれが当たり前、ってのも変だよね。そーゆーのが嫌だったから、若い人たちは自治会を辞めてっちゃったんじゃないのかな？すごい理想を言えば、「地域のためにコレをやりたい」って立候補してくれる人に自治会がお金とか道具とか助っ人とかを出してあげて応援する、みたいなののほーがいーよね。

自治会の役員とかの肩書きが付くと「何でもできる人」みたく思われちゃうかもだけど、その道のプロじゃないし、専門家じゃないもんね。そーゆーいいわけだって言いたいよ。

ギャア
ギャア
こいつはヒドいな
夕方になるといつもこんな感じですね
目玉の風船みたいので撃退できるのかな?
竹ざおで追い払うとか?
ドローンを使うのもいいらしい
警戒時の鳴き声を録音したやつを流すのも効果があるらしいよ
掃除のことも考えないとな
捕まえて焼き鳥にでもしちまうか!
焼き鳥とか言ったら、一杯やりたくなっちゃうだろ
わははははっ
こうやって、みんなでいろいろ考えてくのって楽しいですよね

幕間rkgk

コスチュームデザインラフ

第七章　イベント

たいして頭も体も使わずに楽して稼いでいる連中が汗水流して真面目に働く者達の報酬を抑え込み、搾取する。その頂点に政治家が君臨していては「格差」は無くならんぞ。

報酬の話をするなら、まずあの話から入るのが楽しかろう。じいさんが新聞を読みながら憤っておった、不祥事を起こした政治家に満額の給料が出たとかいう話じゃ。概してあの連中のこと、下手に厳しい前例を作れば自分も同じ目に遭いかねん。それ故ここは穏便に、ついでにオマケも付けときゃ自分達の楽しい余生まで安泰というわけじゃ。して、本当にそれだけか？批判を浴びてまで押し切る理由にしては「雑」ではないか？まぁ、どーせツマらん顛末じゃろう。その悪事にも何かしら功があった、一連の大騒ぎが国家にとって何らかの利となった、弱者や国民のためではない誰かにとっての良い成果を残した、そんな話じゃろ。中にはただ正直に悪事をはたらいた奴もおるかもしれんがな。

報酬にはいろいろな意味がある。意欲や刺激、秘匿や囲い込み。平等にも見える歩合や成果というのはむしろ底値を決めるための道具に過ぎず、正確な物差しで測れぬ仕事ほど天井知らずな報酬が付く。「余人をもって変え難し」などとは組織の無能さを証明しとるようなもんじゃ。弱者への正当な分配なんぞ口で語る奴ほど信用できんもんはないからな。ま、たかだか自治会の役員報酬にそこまでの意味はないのじゃろ。そもそもの原資が地域に対する愛情と言う名目で集められたものじゃからな。それが誰かのフトコロを温めるために使われているというのなら、その愛情を示す価値なぞ始めから無い場所なんじゃろ。

自治会長の役員報酬？
もーもらった？
へ？何ソレ
規約では壱万円くらいもらえると書かれていますね
いや、私そんなに仕事してないし！
それなら、いろいろ助けてくれてるセイラさんの方がもらうべきだよね！
あら
うれしいこと言ってくれるのね
でも、それはゆいちゃんがもらっときなさい
下手に辞退すれば、次の会長さんがそれをもらいにくくなっちゃうでしょ
う…
じゃあ、その代わりにやってもらいたい事、頼んじゃおっかなー

自分がいなければ仕事が進まないと思わせるのがうまい人、
自分がいなければ心配で安心できないと思わせるのがうまい人、
どちらも実体が無いから自分の相場を自分で決められる。

税金をはじめとする多額のお金を投じて開催される公共の「イベント」。入場料や参加料の有無にもよりますが、基本的にはそれ自体で収入を得ることがメインの目的ではなく、実際は「その後の見返り」が目当てと言っても差し支えはないでしょう。それは自治会でやる小さなイベントだって同じですよね。単なる娯楽としてだけではなく住人の結束や親睦などもその目的に含める、そんな「かわいい」目論見でしょ？

それとは対照的に「会社商品の宣伝」や「国威の掲揚」など変な目的が絡んでくるから話はややこしくなる。そうなるともう絶対に失敗できない。とにかく失敗させられない、ケチの付いた結果なんか残すわけにはいかないんだ！って、そうなっちゃいますよね。

完璧にできるなら、後々ケチが付かないなら、多少高い金でも払ったほうが安心だ。そういう考え方から雇われた、成功や知名度を高値で売る人達・それを支える確かな需要。それが時代のニーズだって事は分かりますよ。完璧の追求も間違いではないでしょう。ですが、そんな金で買わなきゃならないような人達じゃ絶対に敵わない絶対真似できないすごいチカラが私達のすぐそばに、住んでいるこの町に存在していると私は信じています。それは「たとえ失敗しても、それを許容してもらえる優しさや寛容さを人々から引き出すことができる」、そんなお金の力では動かせない人の心を動かすチカラです。

お祭り!?
そ。できてもできなくても構わないわ
とにかく、あなた達なりに考えて企画を立てて
Who 誰に
What 何を目的に
Where 何処で
どこまでできるかやってみてほしいの
when 何時
How mach いくらで
How どんな
時期とか期限とかってありますか?
無いわ。でも
1個だけ条件をつけるとすれば
この町のあの神社のお祭りってカタチにしてほしいってことくらいかしら
あの神社のですか
あーーはっはっはっ
むむ〜ん

「木のお皿」の童話は、いずれ同じ目にあうよって教訓だった。その教訓を知ってるからこそ、伝統とか地域の歴史とかと一緒に人手不足や後継者難まで私たちに継承させないでほしい。

地域のお祭りが衰退してっちゃった理由かぁ～。って、やっぱ人手不足じゃない？少子高齢化？で、一番楽しんでくれそうな子供の数が減って、一番大変な準備とかやる人が高齢者ばっかになるって話。伝統の古さとか規模の大きさとか関係無しで、大変だよね。その人手不足も、若い人達の地域離れってのが原因なんでしょ。ウチの自治会はセイラさんが頑張ってくれてるし、私やみどりんもいるからかなり特殊な方だと思うんだ。でも、私だって大学とか行ったらわかんないし、結婚とかしたら町を出るかもだし…って、どっちも「出来んのか？」ってツッコミ入れられる自虐ネタかよ！

むー、なんか私おっさん臭いこと考えてんのかな？　自分たちがいなくなった後のことまで心配しなきゃならないなんて、自治会長やらなきゃよかったって思っちゃいそうだよ。ん？あー、そーゆーことか。「若い人に頑張ってもらう」とか「若い人も参加してね」とかそーゆーセリフって、そーゆーふーに捉えちゃうよね、敏感な若い人なら特に。

下手にそれに関与すれば、いずれ同じセリフを次の若い世代に言わなきゃならなくなる。それってなんか呪い？みたいに聞こえる。いくら長い伝統とかあったとしても、興味とか地元愛みたいなのが足りてなかったら、それを強制されてるように聞こえちゃうよね。

それにさ。何でもかんでも「高齢化」って言葉だけで済ますのもどーなんだろって思うよ。

あの神社の祭りなら昔はよくやってたよな
え、そーなんですか？
もー何十年も前だけど
お囃子を乗せた屋台を引き回したり
横の広場で盆踊りもやってたな
出店もたくさん出て賑やかだった
御神輿くらいなら神社の倉庫にまだあるんじゃないか？
焼きそば
へー
けっこう本格的にやってたんですねぇ
それで、どーしてなくなっちゃったんですか？
それは…
さあ？
何だったかな？
まあ、先ずはその辺りから調べてみたら？地域の歴史みたいなものもわかるかもよ

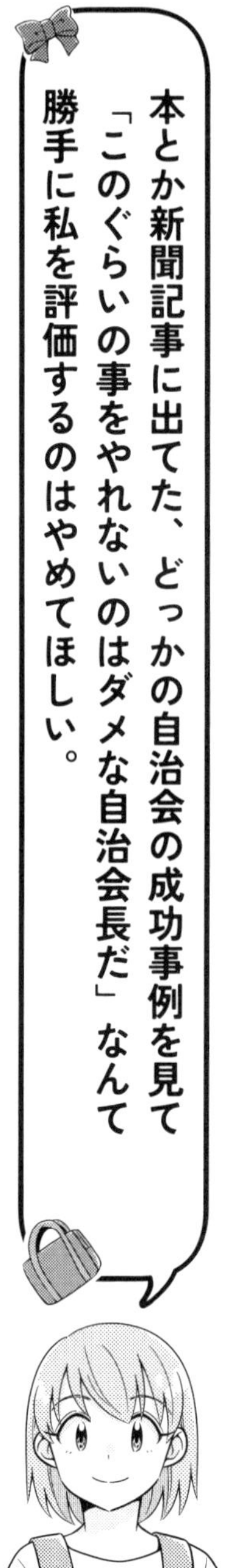
本とか新聞記事に出てた、どっかの自治会の成功事例を見て
「このぐらいの事をやれないのはダメな自治会長だ」なんて
勝手に私を評価するのはやめてほしい。

例えば。とあるマンガで主人公が紆余曲折の末、ラスボス倒してハッピーエンド。

で、そーゆーマンガを読ませて「これと同じようにやれ」って言われて、できる？

いや、ね、自治会関係のパンフレットとか本とか見ると、そーゆー成功事例みたいなのがたくさん載ってるじゃん。アレはどんな意図で作られてて、みんなはどんなふうに見てるのかなぁって。紹介してるだけ？真似してやってみろ？それともただの自慢話？

見方によっては、昔はソレやってうまくいってたって話も同じだよね。過去の事例も参考にはできるけど、そっくりそのまま同じものを再現して続けてく必要はないじゃん。伝統とかそーゆーのが優先される場合もあるかもだけど、「無難なところで前と同じに」とか「安全策で他所の真似」とかそーゆーのが一番つまんなかったりするんだよ。

セイラさんが言ってたけど、そーゆー前例とかに妙に固執してみたりするのは何かしらの利権が絡んでたりするからよって。本当はたいして役に立ってないからサッサとやめて新しい、もっといい事とか始めたいんだけど、それで得してる奴が一人でもいるとヤメたくてもヤメられない・変えたくても変えられない。そんなのばっかりだ〜！だってさ。

セイラさんが何の仕事してんのか知らんけど、損とか得とかじゃなくてさ、関わってる全ての人が楽しいって、参加して良かったって思ってくれる、そーゆーのが理想だよね。

あー確かにお神輿担いだりしたなあ
写真とか探せば出てくるかもしれん
おおっ
このくらいの古いアルバムならどーかの
ところで、古いお祭りの事なんか聞いてどーすんじゃ？
さすがに昭和の香りがありますね
お父さん、わりとイケてたのか…
ゆいパパ
ところで、今日はかみさま居ないの？
キョロキョロ
そーいえば見かけないね
かみさま？
おっとあぶないあぶない
あー、たしか、お祭りの時には市内で一番大きな大神宮の宮司さんが出張してきておったな
何かその辺の難しい事を知っているかもしれんぞ

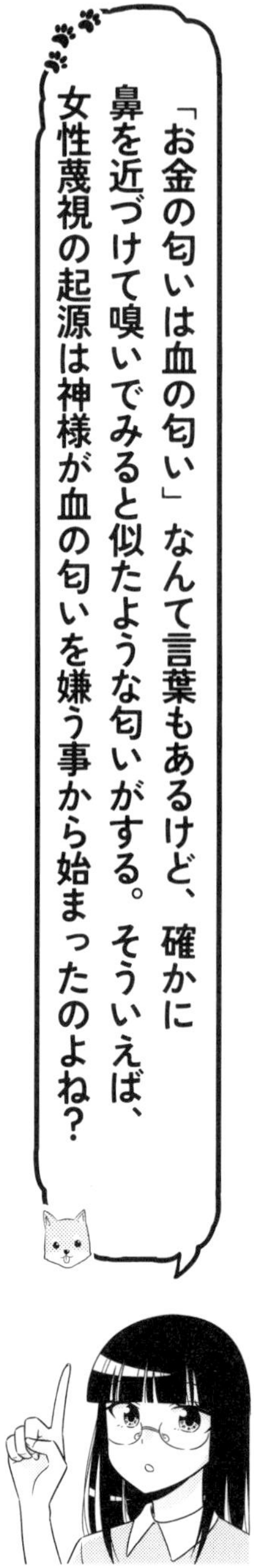
「お金の匂いは血の匂い」なんて言葉もあるけど、確かに
鼻を近づけて嗅いでみると似たような匂いがする。そういえば、
女性蔑視の起源は神様が血の匂いを嫌う事から始まったのよね？

ちなみに、社家と呼ばれる神職の家系でない人間が神社で宮司として奉職できる位階を取得するためには、神道系の大学への入試も含めてかなりの勉強が必要になるそうです。その資格基準の設定や指導要項を取り決めているのが神社本庁と呼ばれる宗教法人であり、そのホームページに名前が出ている神社が神社神道の直属神社、なのだそうです。そこに名前が載っていない神社は個々に宗教法人として認可を受け、その法人申請の際には宮司の資格保持者を含める必要がどーのこーのと、とにかくいろいろあるみたいです。

そのいずれでもない、神社庁の管轄でもない、宗教法人として認可もされていない、そんな小さな神社は地域の集会所と同じレベルの建造物になる、と宮司さんは言いました。ゆいと私がなんとなく寂しい思いをしたのは、もちろんそんな意味ではないと思いますが、「そこは神社ではない」と言われた気がしたからなのかもしれません。

宗教法人の免税制度は、公益性の高い宗教が施設の維持管理などで疲弊しないようにという理由で始まったものだと調べたサイトには書いてありました。個人的な不安の除去をウリにした新興宗教に比べれば、地域の神社はよほど公益性に富むものだと私は思います。お金に執着がなく、ビジネスが下手くそだったという理由で打ち捨てられ朽ち果てていく法人格を持たない私たちの神社は、いったい誰が救えばいいんでしょうか？

社務所
ねぇ、かみさま！
ここって神社じゃないの？
はぁ？

第7章　6話　共にある

純粋な悪は、自身が「悪」であることを認識できぬと聞く。物差しを固定しておく基点が存在せんのなら当然であろうな。最近の人間も、その「基点」が曖昧になっておるようじゃな。

神社の成り立ちにはいろいろある。磐座《いわくら》に神籬《ひもろぎ》、氏子《うじこ》に産土《うぶすな》、分祀《ぶんし》されたものや勧請《かんじょう》されたもの、高い山の頂に据え置かれたものもあれば昔話から発祥したものもある。国の都合で元は寺だった所が看板を挿げ替えられたものもあれば、その宮司の言うように地域の憩いの場として建てられたものもある。いずれのものにも共通するのは、それらはその地に住まう人々の思いによって支えられ、そこを訪れる者はみな目を瞑り手を合わせ祈るということくらいか。

たとえどんな神社であったとしても、神社が地域に根ざしたものである限り、自治会は昔からそれに関与せざるを得なかった。腹立たしい事じゃが、その関係をめんどうくさいとして、それが自治会の運営を阻害してきたなどと豪語する専門家もおるくらいじゃ。嘆かわしいのぉ。役に立たない年老いた親を押し付けあって最後には山に捨てる、そんな昔話を見ておるようじゃ。それを怨んで化けて出るような低俗な存在ではないがの。

地域の総意が神社なぞ要らぬと言うのであればそれでもよい。そうでなくても、氏子が絶えたり金銭的事情で廃れたりする神社は今後もどんどん増えていくじゃろうからな。人は神と共にある。同じく、神もまた人と共にある。共にある存在を失う寂しさは、どちらも同じじゃぞ。

なーんじゃ、そんなつまらんことで悩んでおったのかご苦労様じゃの
やれ
やれ
なによ！せっかく、心配してあげたのに
このワシが住んでおる、それで充分じゃろ
じゃあ、何の神様なのさ？
？
この神社のご祭神は？
って聞いてるんじゃない？
あー、それそれ
んー、ちょっと待て
天照大御神《アマテラスオオミカミ》じゃ
おいっ！
今、何か確認しに行ったよね？
かみさまは神様じゃないの？
本当に神様なのぉ？
だいたい、こーゆー小さな神社はな、なんだか強そうな神様のお札を祀っているのが普通だからな
ところで、何か用事があったんじゃないのか？

公園をはじめとする行政の福祉施設、いわゆる「ハコモノ」はその地域の住人全員が利用しているわけではない。その維持を使わない人まで含めて全員で負担するのが「福祉」ってこと？

　あまり耳馴染みの無い言葉ですが、「住区基幹公園」ってご存知ですか？

つまるところ、私たちが一番目にする家の近所の公園がほぼそれにあたります。

都市公園法という法律がその区分や名称を定めているわけですが、公園の用途はあくまで人間の営みが主体、その目的は「公共の福祉の増進に資すること」となっています。

では、その「福祉」って何なんでしょう？辞書やネットで調べてもその実体は曖昧です。

私だって馬鹿じゃありませんから、その定義や存在意義くらいはわかりますよ。

じゃあ、それを数値化しろって言われたら、どうしますか？簡単ではないですよね？

公園に絞って話を進めれば、時間の変化を含めていろんな要素が多元的に関わってくる。

広さや設備・地域の人的協力などの良い要素もあれば、ゴミや騒音の問題に治安・衛生の維持管理、周辺地域との軋轢などの悪い要素もある。合計して出てくる結果のベクトルも誰の位置から見るかによって大きさが異なるでしょう。それをムリヤリ一次元に落として、それがマイナスになっていたらその公園は廃止ですか？そう簡単には行きませんよね。

　公園の話だけにとどまらず、いろんな福祉政策が破綻しかかっていると聞きます。それを維持するのに必要な「財源」はお金だけではないですよね。のべつまくなしに作るだけではなく、その財源の回復も併せて考えていかなきゃダメなんじゃないでしょうか？

なーんじゃ、祭りか
お？
あんまり嬉しそうじゃないね？
あんまり派手なことは好きではないからな
昔は毎日、この公園にも子供達が遊びに来た
町の連中のことはわざわざ見に行かなくても把握できたもんじゃ
それが今はどーじゃ
結局、そーゆーもんじゃぞ
あの妹もよく公園に来て
花を愛でておったな
そーか!!
コレを使うって、どーお？

第7章　8話　盆踊り

子供の頃に思った。「お祭り、毎日だったらいいのにな」
究極言えば、楽しいイベントなら毎週やったっていいじゃん。
小さいからこそできる、そういう強みを活かせたらいいよね。

中学の時。何を思ったかみどりんと二人で浴衣を作ろうって話になって、おばあちゃんにやり方を聞きながらすごい苦労してそれに挑戦したことがあった。型紙の長さは身長の倍くらいあるし、ミシンの使い方も覚えたてで縫い代もバラバラだったけど楽しかった。でも結局、着たのは1回きり。布地が厚かったのもあるけど、浴衣は風通しが悪いんだよ。最新素材の和装インナーとか着てたけど汗だくで、草履で電車乗って花火見に行ったけども～、へとへとでベッタベタ。その時の写真は黒歴史。でも、まだ着れるのかな？

浴衣は夏の風物詩とか言うけど、あれはウソだね。最近は9月半ばでも30度越えの日がざらにあるし、温暖化のせいで浴衣も絶滅危惧種だよ。お金持ちが送迎付きで着るんならいいかもだけど、一般人が頑張ってインスタ映え狙うにはハードルが高過ぎる（泣。

そっか。結局、浴衣着る理由は愛する彼氏のためじゃなかったら、インスタとかの写真撮るためってのが普通なんだから、別に近所でもいいじゃん。大汗かいて人混みに行って評判ほどじゃない下手な写真撮るよりも、草履で歩ける範囲内でキレイに撮れる方がいい。できればそれも真夏のクソ暑い時じゃなくて、気温の様子みて開催日を調整してくれるとなおいい。準備の都合とかあって、そんなフレキシブルな対応は難しいとは思うけど。でも、来てくれる人のコトを一番に考えた企画ってのがやっぱ理想だよねって話。

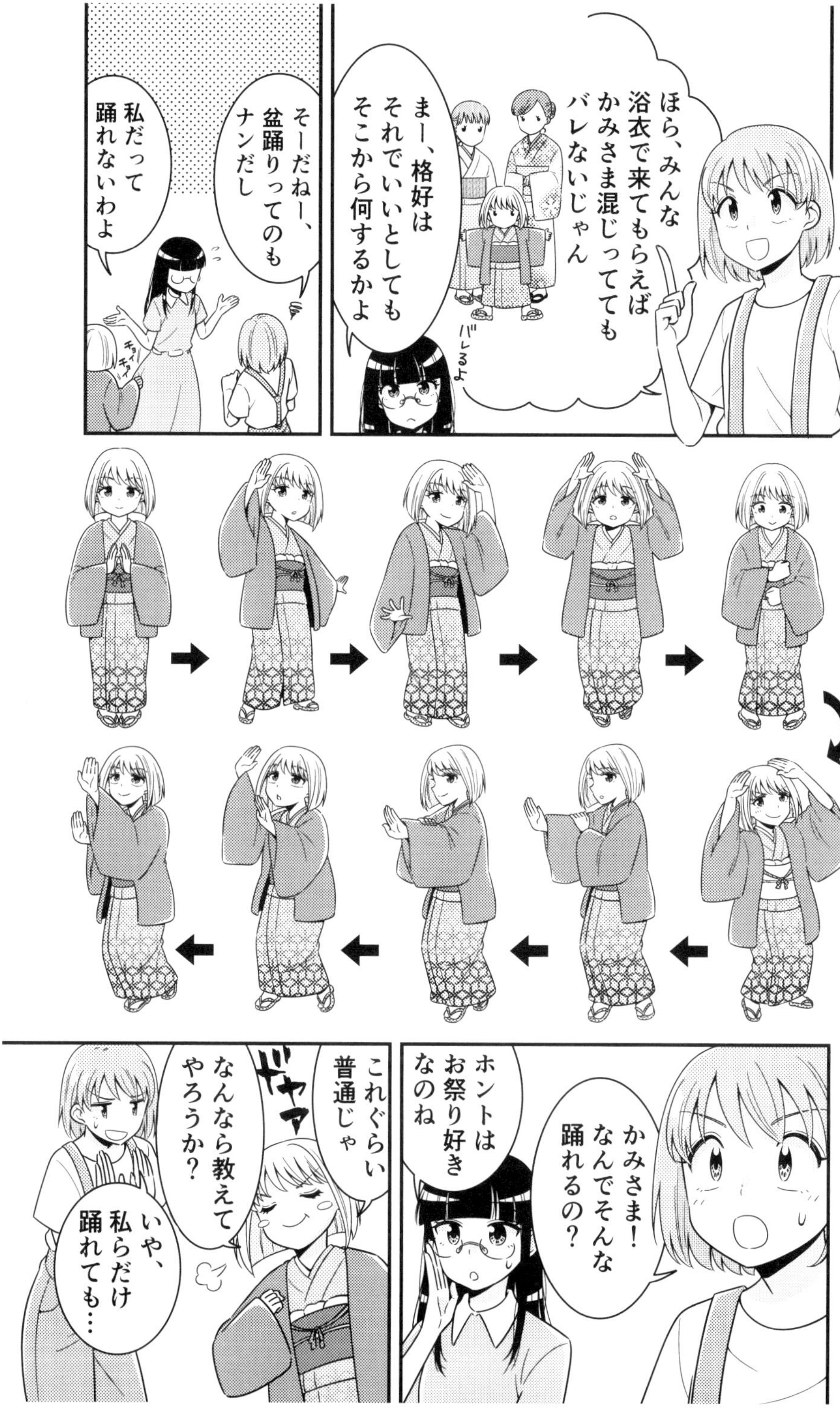

ほら、みんな浴衣で来てもらえばかみさま混じっててもバレないじゃん
バレるよ
まー、格好はそれでいいとしてもそこから何するかよ
そーだねー、盆踊りってのもナンだし
私だって踊れないわよ
かみさま！なんでそんな踊れるの？
ホントはお祭り好きなのね
これぐらい普通じゃ
ドヤァ
なんなら教えてやろうか？
いや、私らだけ踊れても…

第7章　9話　お客様

「お客様は神様です」、そんな大ウソを売る方も買う方も信じて疑わなかったがために町は自動販売機のような店ばかりになった

うちの姉ちゃんがイギリスに行ってた時の話なんだけど、ブティックで服を買ったらファスナーが壊れてたんだって。後日、クレームをつけに行ったら何て言われたと思う？
「ちゃんと確認しないで買ったあなたが悪いのよ」だって。
悔しいのはそう言いながら笑顔で返金してくれたことだ、って姉ちゃんは笑ってた。
文化の違い？と言うよりも、どーやらおかしいのは日本人の感覚なのかもねって。

確かに、よく考えてみれば「お客様は神様です」って結構、無茶苦茶な話だよね。

お金さえ払えば、どんなわがままだって聞いちゃいますよって言ってるようなもんじゃん。

お客さんとお店の人は対等な立場、を基本とした国の人から見ればその感覚はすごいって思うのかな？それとも今のこの国の現状を見透かして、馬鹿にしてたりするのかな？


クレームが原因で閉店に追い込まれたり、それを恐れて泣き寝入りする商店の話とかは珍しくない。謝るって言うよりも悪いカキコミしないでねってお願いしてる感じもある。

逆に、バイトテロみたく働いてる側がお客さんから見えない所で暴走してる話だってある。

あんなに宣伝してた「おもてなし」の成れの果てがこんなだったら、外国の人は笑うよね。


みんな知ってると思うんだけど、機械仕掛けのロボットはプログラムで微笑み、割込の処理が走って謝罪する。それを理想のカタチにしちゃうってのも正しい未来なのかな？

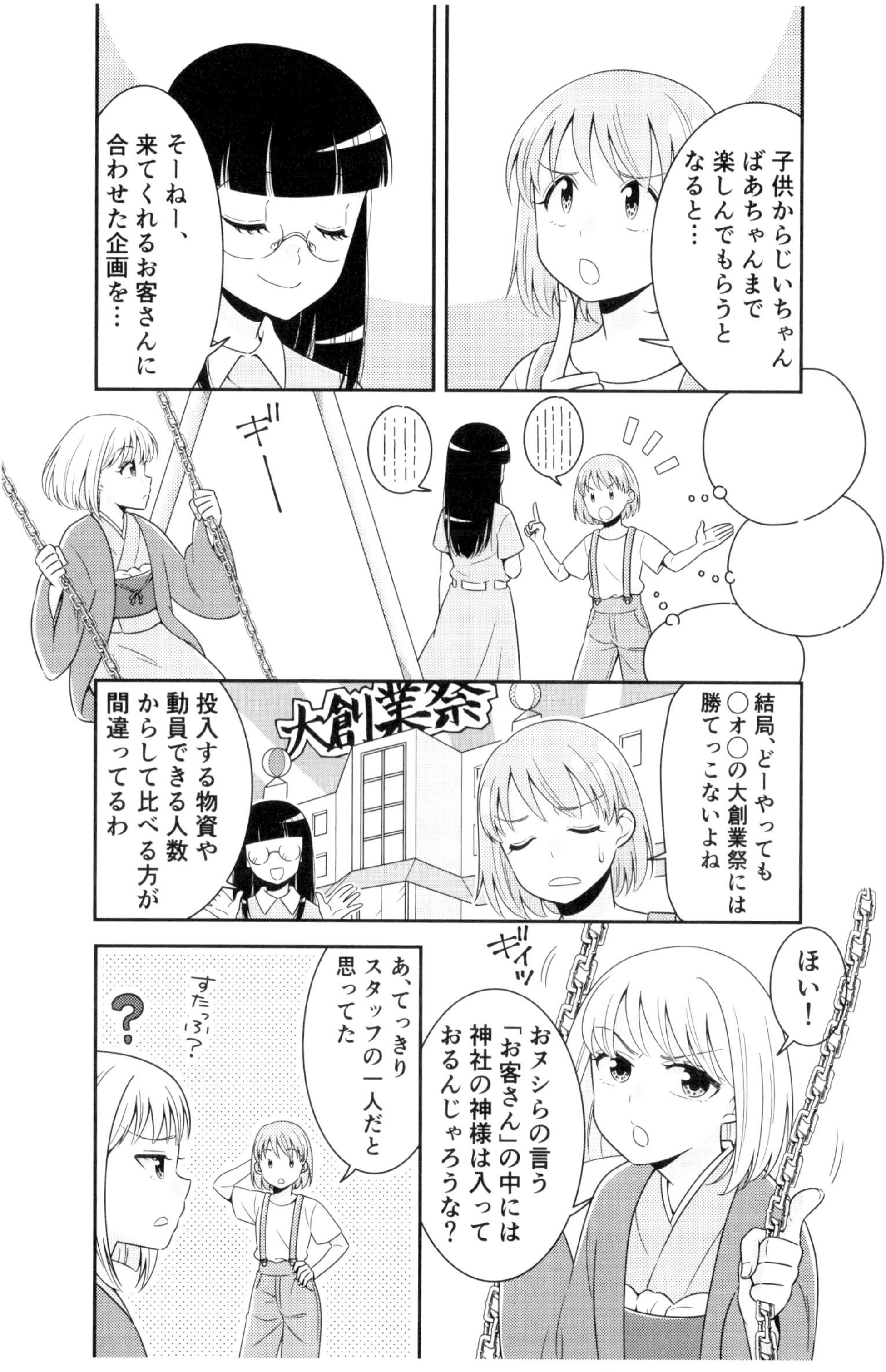
子供からじいちゃんばあちゃんまで楽しんでもらうとなると…
そーねー、来てくれるお客さんに合わせた企画を…
ギー
結局、どーやっても○オ○の大創業祭には勝てっこないよね
大創業祭
投入する物資や動員できる人数からして比べる方が間違ってるわ
ほい！
ギイッ
おヌシらの言う「お客さん」の中には神社の神様は入っておるんじゃろうな？
あ、てっきりスタッフの一人だと思ってた
すたっふ？
？

「助成金出してるだろ」、「金だけ払って丸投げかよ」、
お互いの理想とするシステムのカタチに差異がある限り
「協働」の考え方はいずれ間違いなく破綻する。

お役所は意外とメンタルの病休者が多い職場だって知ってましたか？

職場環境が悪いと言ってるわけではありませんよ。病院が安易に診断書を発行し過ぎると批判しているわけでもありません。人間相手のお仕事ゆえに大変なのもよく知っています。問題なのは、そうやってメンタル面で病んでしまう人が多いということではありません。制度の限界を上手に計って懲戒を免れ、在籍を維持し続ける迷惑な輩がいるという点です。その問題の根底にあるのが「もらえるものはもらっておけ」という考え方ではないか？と私は睨んでいます。役所の人間はおろか、政治家や会計士あたりも好んで使う言葉ですから聞いたことはあると思います。私は絶対に使わないように心掛けていますけどね。だって、おかしいと思いませんか？「もらえるもの」を提供する側の人間が安易にその言葉を使うのって。もちろん、もらえるものをもらう事自体は悪い事ではありませんよ。お役所の能力を考えたらお金という形で援助するのが効率的だという事も理解はできます。ただ、予算は使い切らないと次期の割り当てが減らされちゃうからとか市民には関係無い理由があったりすると、そのやり方に微妙な猜疑心が生まれる。正義の味方もノルマに追われて四苦八苦、みたいな？　そこに悪の付け入る隙があるような、そんな気がします。

正直者が馬鹿を見る、自分の仕事がそうだとしたら私だってそのうち鬱になりますよ。

助けます!
市役所
助成金
えっと、その、お金の話なんですが、助成金とかってのもあるとか無いとか
助成金…使う?
何か問題があったりするんですか?
ド
まず、この冊子を読む
助成金
申請の手引
私達そろそろ期末試験も近くって…
さすがに私もこの厚さはちょっと…
ぎょぎょっ
うんうん、みんな忙しいもんね
それにこの冊子も慣れてる人でも難しいもの
お金、かけた方がいいのか、かけない方がいいのか…
う〜ん
そしたら、こう考えてみましょうか
かき
かき

高価なパンを細かくちぎってみんなに均等に配ったら
それはもう「パン屑」と同じになっちゃう、よね？

　花火と言えば、小さい頃に近所でやってた花火大会がいい思い出だなー、って。ほら、子供向け花火ってさ、なんかセロテープたくさん貼ってあってめんどくさいじゃん。だから、昼間のうちに台紙から分離しといて空き箱にみんなでまとめて入れとくの。おのおの自分ちにある花火を持ち寄ってくるから、見た目はそこそこの量になるんだよね。どーせやる時は暗がりだから、どれが誰のとかもう関係無くて、とにかく楽しかったな。そのアパートは無くなっちゃったけど、花火とか買ってもらえない子もいて、最初の頃は遠巻きに見てるだけだったけど、仲良くなってその子も一緒に花火してたよ。今で言う「シェアする」ってやつは子供の方が普通にできるんだよ、きっと。むしろ大人のほうが変に遠慮したり気を使ったりしてさ、なんかギクシャクする原因を作ってる。お金を払ってないから参加しちゃダメだとか、事前に親どうしで金額設定したりとか、シェアするのが悪い事？みたいな考えを押し付けてきたりする。それが行くとこまで行くと、なにもかも小数点以下まできっちり平等、ケンカになるから余分な物は持ち込み禁止で、あれもダメだしこれもダメ。スローガンは「みんな楽しく」とか言っちゃって、何かのイベントの時に配られたのが線香花火で一人２本。笑ったね。

　確かに、お金払ってるのは大人だからモンクは言わないけどさ。何かおかしくない？

たとえば、お金をかけた場合で両極端な話をすると…
A
高額な花火を一発ドーンと打ち上げて終わり
B
金一封
参加者で割り算した金一封を配って終わり
Aは地域の企業にお金が入って地域振興にはなるけど偏りが出るわよね
Bは本末転倒な気がします
お金が絡んでくるといろいろめんどくさい
それにもし参加者が少なかったら目もあてられないですよ
じゃあ、お金をかけない方がいいの？
でもある程度はお金かけないと、お客さんは来ない
ムムム〜
そうね。せっかく自治会費からお金出してるんだから参加してあげなきゃねって気にはなるわよね

第7章　12話　読み聞かせ

世界中のほとんどの「悪魔」は、後から来た方の宗教が元々あった土着信仰の神様を追い出す目的で作られたものだ。私たちの土着の神様は、大丈夫だろうか？

小学校の時、おばあちゃんに聞いたとかいう神様の昔話をおもしろおかしく話して聞かせる変な子が隣りの席にいた。もちろん、その変なのが今も隣りに居る「ゆい」だ。

私が古事記の物語を知っているのは、本で読んだというよりも「ゆいから聞いた」が正解。

そんなふうに口伝によって語り継がれていく、そこに大きな意味があるようで興味深い。

　日本の神道は世界でも珍しい、胡散臭い教祖様や命令調で上から目線な聖典を持たない特殊な宗教として知られている。いわゆる、自然崇拝やアニミズムと言われるものだ。

それゆえ、かつての戦争でプロパガンダに利用され、腫れ物に触るような煙ったい存在になってしまった。ゆいはそこんとこがよく分かっていないようだけど、気持ちは分かる。

だって、その神話に出てくる神様たちはどれも、表現が適切かどうか分からないけれど、人間くさくてかわいいから。子供の目で見る限り、それは普通に楽しい昔話でしかない。

「献金にも得票にもつながらないクソまじめな宗教に政治家は群がったりしない」

なんてセイラさんは言ってたけど、そんな欲にまみれた俗な存在でないことが庶民向けの神様として安心してそばにおいておける理由ではないかと思う。私たちの友情のきっかけを作ってくれた存在なだけに、いつまでもそうであって欲しいと願う。

ただ、その想いだけでは朽ちていく神社を救えないってことは、分かりますけどね。

そーいえば、考えたんですけど
神社のお祭りだし、神話の昔話の読み聞かせとか、どーかなーなんて思ってます!
いい考えだとは思うけど、
古代神話は注意というか配慮が必要かもね
なんで??
うん うん
宗教的な側面とか、戦争の事とかあるからよ
わかりました じゃあ始める前に
各自での対応をお願いします、みたいなお断りを…
そうね
えー
だって、ただの昔話だよー?

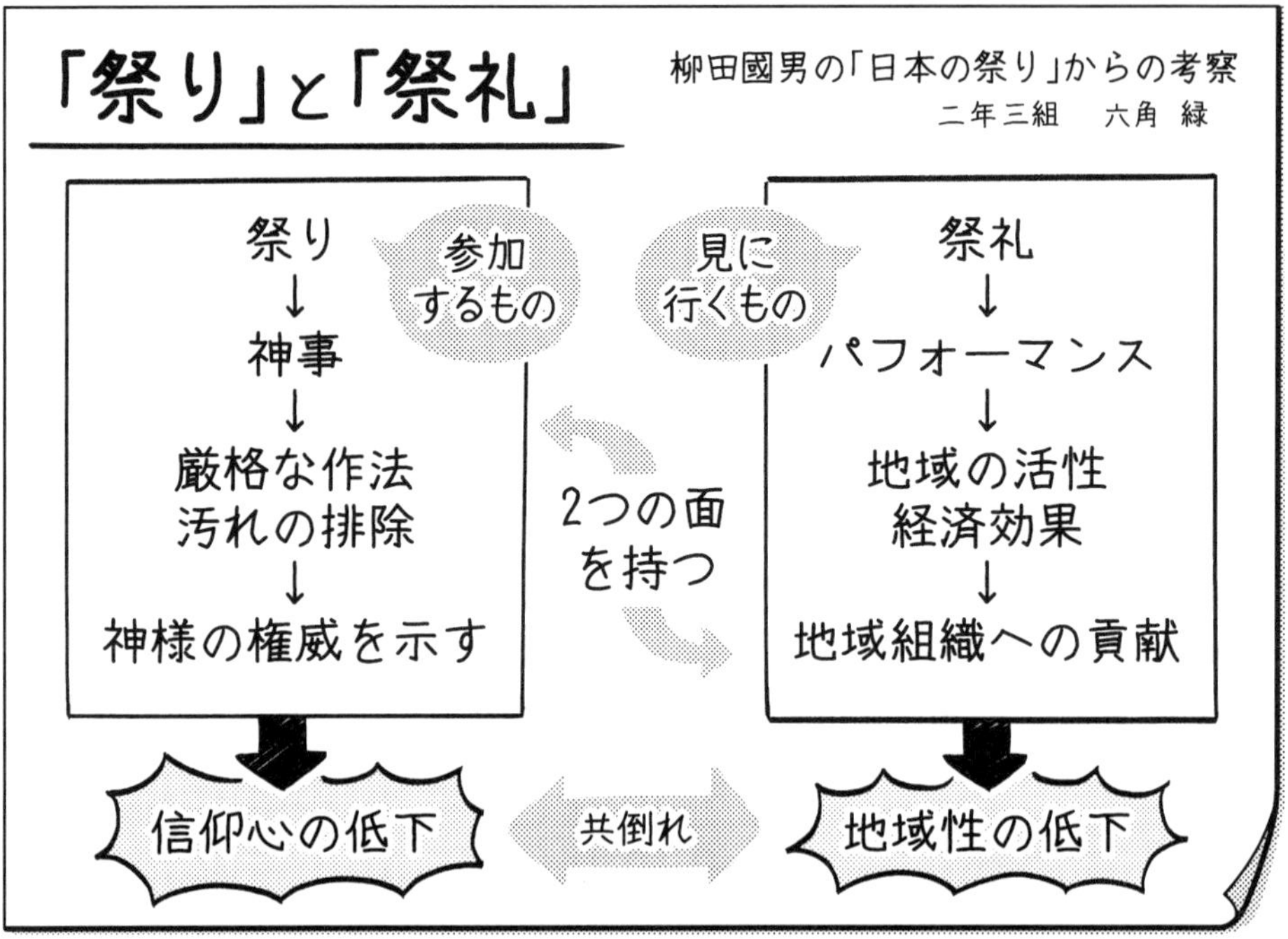

柳田國男の「日本の祭り」を読んで

二年三組　六角　緑

「祭りを見に行く」と「祭りに参加する」この二つは意味が異なります。現代のお祭りは「見物人」の発生によって大きな転換点を迎えたと柳田國男は本文の中で述べています。

神事に参加することでしか得られなかったご利益に価値を見出せなくなった人々、特に若い人達がお祭りに参加しなくなり、それに――よって得られていた「地域から様々なことを学ぶ機会」も減少。柳田は、彼が生きていた時代からすでに大きな警鐘を鳴らしています。

現代のお祭りは単なるエンターテイメントとして利を得る様な催し物に変わっています。今更、本来の意味を取り戻すのは難しいとは思いますが、お祭り好きの国民性が将来に向けて何かしら良い方向に働いてくれるのではないか？と、私は期待します。

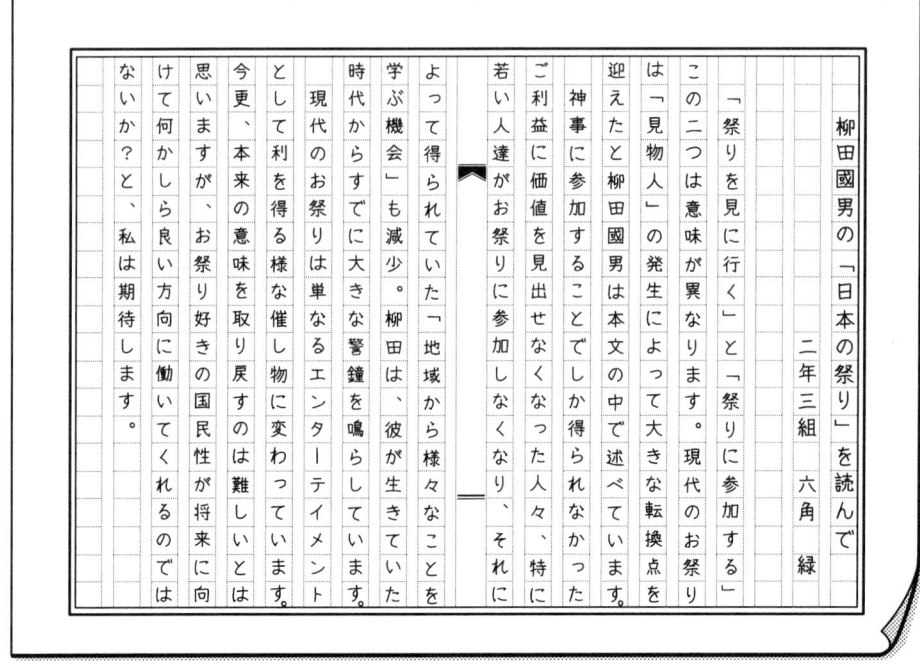

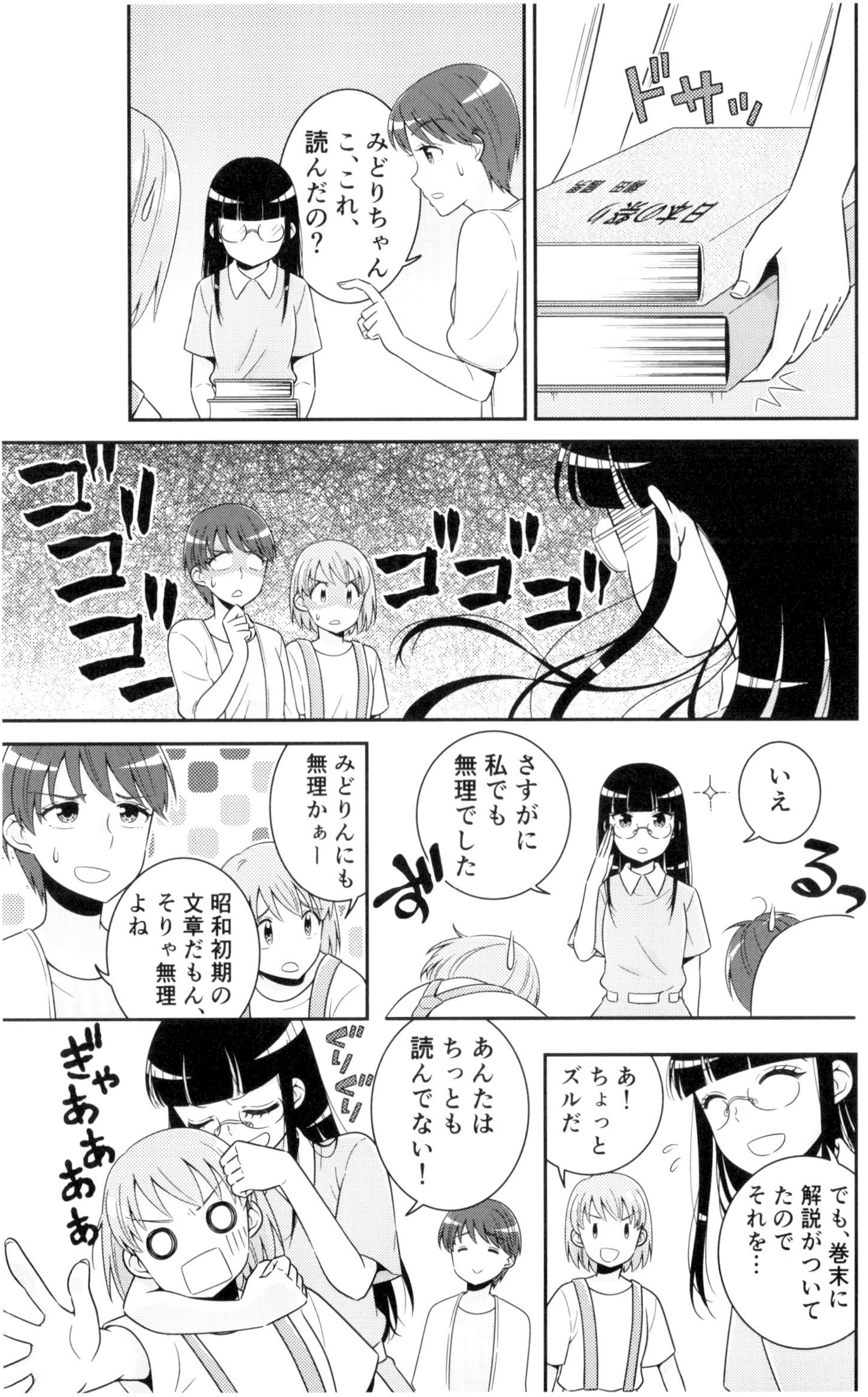
ドサッッ
みどりちゃんこ、これ、読んだの？
ゴゴゴ
ゴゴゴゴ
るっ
いえ
さすがに私でも無理でした
ず
みどりんにも無理かぁー
昭和初期の文章だもん、そりゃ無理よね
でも、巻末に解説がついてたのでそれを…
あ！ちょっとズルだ
あんたはちっとも読んでない！
ぐりぐり
ぎゃあああああ

行政サービスは貪欲に受け取ろうとするくせに協力要請は「老人だから」と逃げようとしてしまう。それが厄介だと思われてしまう原因は年齢のせいだけじゃろか？

通勤電車で毎日同じ場所に座る。散歩で行く公園の決まった遊具でストレッチをする。一度決めてしまうと毎日そこでないと落ち着かない、そんな意味の無い執着がよくある。自分の決めた場所を誰かが使っていたり、ダイヤ改正で同じ電車が来なくなったりするとついイライラっとしてしまって、ダイヤを変えた鉄道会社を恨んだりする。その改正も、どこかの誰かが困っていたから実施されたものじゃと分かっているのになぁ。

困っている誰かのために何かを変えることは歓迎すべきことじゃ。世のため人のために頑張って、そういう事を考えてくれた人を応援したいとも思う。じゃが、それで自分の安定した毎日を変える必要が出てくると、途端に心が曇ってしまう。昨日までそうであったことは、明日も同じにしたいと思ってしまう。

昔観た映画で、５歳の精神年齢のまま大人になってしまった男が自分の娘に毎日同じ本を読み聞かせるくだりがあった。娘はどんどん成長していくのだが、男は同じ本に固執したくてしかたがない。本来なら娘の成長を喜ばなければならないのに…そんな話じゃ。今回の件はその物語によく似ておる。地域の中の若い子らが何かを良い方向に変えようと頑張っているのじゃが、結局、今の同じ毎日を変えられずに従来通りに固執してしまう。自分の身に覚えがあるだけに、どちらの気持ちにも共感できてしまうのがつらいのぉ。

ゆい
ちょっと話があるんじゃが…みどりんも一緒に
二人の進めとる祭りの件なんじゃが…
実は、ご近所さんから話があってな…
え、なんかマズかった?
いや、マズくはないんじゃが…
こーゆーのは難しい話でな、なかなかすんなりとはいかないもんなんじゃ
せっかく楽しそうにしておったのに申し訳ないな
いえ、大丈夫ですよ
ブーッ
大丈夫じゃないよ!
とりあえず、セイラさんとこ行こ
わかったわかった

第７章　15話　居酒屋

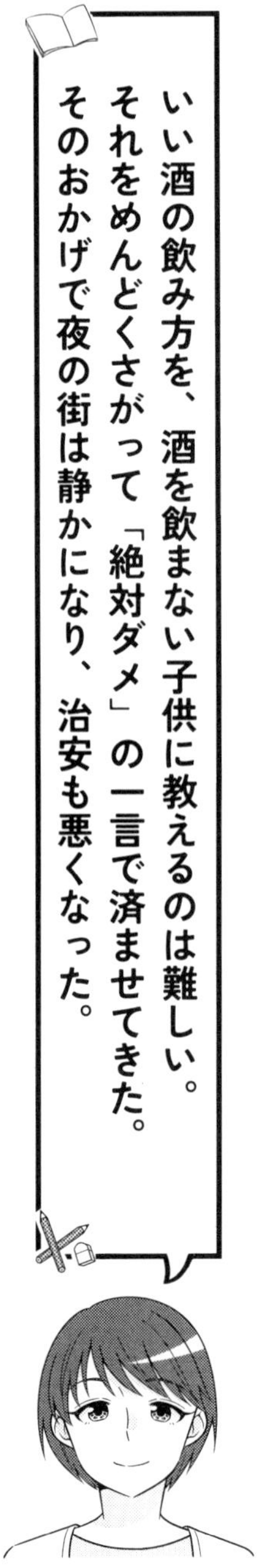
いい酒の飲み方を、酒を飲まない子供に教えるのは難しい。
それをめんどくさがって「絶対ダメ」の一言で済ませてきた。
そのおかげで夜の街は静かになり、治安も悪くなった。

かつての自治会では、親睦を口実に酒の席や飲み会が頻繁に開かれていたと聞きます。ですが、いい酒の飲み方を知らない大人達の台頭で次第に嫌厭されるようになり、あげく一部の人間だけが会費の無駄遣いをしていると非難され、悪習として廃れていきました。そうでなくても潮流は、若者の車離れと同じく居酒屋離れ・飲み会離れが進み、そこへ追い討ちをかけるように巣籠もり需要や行動制限が重なり、特に小さな飲食店は大打撃。安易なバラマキ政策や制限付きポイントでは悪い現状をより深く定着させる様なものです。

　結局はこれも、人の心の問題です。外で金を払って酒を飲む・飯を食う理由が無ければ繁華街に人なんか戻りません。単に不景気だけが客を奪っていったわけじゃないですよね。ネットにこもって愚痴を言ってみたり、それに「いいね」を付けてみたり。そんなもので何となく鬱憤が晴れて、言いたいこと言えて、顔の見えない友達ができて、手軽で気楽で安上がり。そんな場所が用意されていたから、誰かと話せる場所がそこに移ってしまった。いや、何者かによって意図的にそこに移動させられちゃった？んじゃないんですかね。

　そんな、誰かにとって都合のよい掃き溜めに愚痴を吐いて世の中は変わるでしょうか？もちろん、それをやめて飲み屋に行ったとしても、世の中は変わるわけではありません。でも、世の中を変える「あなた」はちょっと変わるかも？しれませんよ。

ピンポーーン
カチャ
お？
何か深刻そうね、どうしたの？
あの、折り入ってお話があるんですが
実はお祭りの件で
いや、やっぱ、ちょっと待ってて
お待たせ、お待たせ
あの、どっか行くんですか？
バタン！
そーよ
こーゆー時はね泡の出る飲み物でも飲みながらよ
ええっ⁉
学生に飲酒を強要するほど馬鹿じゃないわよ
私達まだ未成年ですよ
美味しい物が食べれれば問題ないでしょ

子供がするアルバイトなんて どーせお金が目当てだろって思われそうだけど、じゃあ、大人は何のために働いてるの？

戦国時代の武将、石田三成は元々お寺でバイトしていた小僧さんだったんだって。そのバイト先にある日、鷹狩りで野原を走り回って遊んできた豊臣秀吉が休憩しに来て、お茶を飲ませろって頼んだ。そこで三成は最初はゴクゴク飲めるぬるめのお茶を、２杯目は温度を少し上げて、３杯目はゆっくり飲める熱いお茶を出した。その心遣いに有望さを見出した秀吉は三成をスカウトしたってわけ。「三献の茶」って逸話だけど、知ってる？

私はおばあちゃんから聞いて知ってたけど、トキちゃんもこの話を知ってたんだよね。あのガサツな空手女が？って思ったら、どーやらここの大将さんに教えてもらったらしい。なるほど、働いてるトキっちは明るく堂々としてて看板娘って言葉がぴったり来る。電話の受け答えとかお見送りとか、社会に出てから学ぶような事も笑顔で普通にこなせてる。

元々の性格や適性もあると思う。でも、大将さんがそれとなくアドバイスしてるところとか見ちゃったりすると、選ぶ仕事場の良し悪しもあるのかなぁ、と思ったりもする。

コンビニやファミレスでやる気無さげに接客してる方がラクしてお金稼げるのはわかる。お金だけが目的だったら、もっと効率的に稼ぐ方法はたくさんある。目的がお金だけなら。でも、トキちゃんの楽しそうに働いてる姿を見ると、ちょっと羨ましいと言うか、なんか決定的な差をつけられたみたいで、そんな自分がちょっと恥ずかしく思えたよ。

おでん
っらっしゃいませー
げっ
トキちゃん？
石上さん、こんにちわっス
トキちゃんここでバイトしてんの？
ひさしぶりね
しかもセイラさんと知り合い？
道場の大先輩だっつの
本日のおすすめ
ここ完全禁煙だし、おいしい料理もたくさんあるから遠慮しないで頼んじゃっていーわよ！
よっちゃんセセリの塩焼きよろしく～
とりあえず生3つで
アタシが逮捕されるっつーの
アルバイトってコンビニとかファミレスとかだけじゃないんだねー
名前がかわいいホッピーってどうかな？
それも酒だっつの
お酒は二十歳になってから

ドンッ
※コーラ
コーラでできあがってる…
あれが、うっすらムカつくんですよ！
「あんまりがんばらない方がいい」とか「無理しない方がいいよ」ってセリフ！
どこ行ってもみんな言うの
※コーラ
そーよねー、確かにこっちがやる気になってたりすると
ピリッとするよね、それ言われると
そーなんですよー
でも、そーゆー言葉も公に集めた「要望」のひとつだからね
やりたい人だけやればいいってわけにはいかないし
でも私、
自治会長ですよ
そーよ
だからみんなの意見をうまくまとめなきゃなんないの
大変でしょ？
むぅー

本当はね、みんな
それがいいこと
だって知ってるのよ
そーゆーのが
たくさんあったら
町が活気付く
のも知ってる
それも、
意地悪して言ってる
わけじゃないわ
分かります
でも、
でも？
いいことなら、
やりたいです
私も、
地域のためだって
思ったから、
がんばってた
んですけどね
ありがとう
そーゆー気持ちをね、
ちゃんと活かせる
社会にしてかなきゃ
なんないのよ
私達、
大人がね
ふむ、
私もまだまだ
がんばらなきゃねー
石上さんはそろそろ
男を作る方とか
がんばんなきゃ
ならないのでは？
なんだと
こんにゃろー

**無責任に叫んでる「持続可能な」って言葉だけじゃ
ゼロが「1」には変わったりはしない。
気まぐれでもいいから、小さな「1」をかき集めていくしかない。**

二人にはちょっと悪いことしちゃったかしら。こうなる結果を予測してなかったと言えばウソになるし、ゆいちゃんが「うっすらムカつく」なんて言ってたセリフも誰かがそう言うだろうと思ってた。「無理しない方がいいよ」って。

残念だけど、それが現実。絶対的な継続の保証が期待できないモノは、結局誰かが嫌々面倒を見なければならなくなる。その誰かの中には確実に自分も含まれる。アナタがする無理はいずれワタシの無理になって襲ってくる。みんなそれを知ってるからよ。

その最も身近な実例が、すぐそばにあるじゃない。ゆいちゃんだって第一章の第一話で言ってたでしょ。「クジ引いてまでやらなきゃいけないことをなんでやるんだろ」って。みんなそれが「いいこと」だって知ってるの。同時にそれを続けていくことが大変だってことも知ってるの。だからそれを「クジ引き」みたいな微妙な妥協点でギリギリバランスさせてきた。そこに余計な物を載せたらどうなるか？みんなそれが心配なのよ。

まぁ、深傷になる前に現実を知ることができて、結果オーライと言うことで許してね。
その上でなお、あーやって言ってくれるのは本当にうれしい。
あの時、半ば強引にゆいちゃんを自治会長に推して、私の目に狂いは無かったって感じ？
それとも単に、それが「若さ」ってやつなのかしらねぇ（笑。

さて、そんな話を聞いて皆さんはどう思いますか？
彼女たちの活躍を見て、どう考えますか？
「そんな成功事例を聞かされたってツマらんだけだ」とか
「どこかにいたとしても、ウチの地域にはいないよ」とか言う人もいますよね。
「今どきそんな女子高生いるわけないじゃん」、「所詮は架空のイイ話じゃね？」
って笑う人もいるでしょう。

でも、みんな気付いてるんじゃないですか？
そんな娘達は「いない」んじゃない、
「いない」のが当たり前の世の中にみんなで一生懸命、作り変えてきたんだってことを。

自分達の生活を乱されることが無いように、
波風立てずに安寧でいられるように、
面倒を背負い込まなくて済むように、
バランスを崩さないように、そんな消極的な努力をずっと続けてきた。

その結果、
そーゆー娘達のそーゆー思いに「感謝」することをつい、うっかり忘れた。
自分達の心配ばかりして、そーゆー娘達を「応援」することをつい、うっかり忘れた。

その結果、
そーゆー娘達の中に「失敗」ばかりが積み重なってしまった。
そーゆー娘達にそーゆー思いが二度と芽生えてこないように踏み固めてしまった。
そーゆー娘達が生きにくい世の中に作り変えて、
手の届かないスマホの画面の向こう側に幻想のレッテルを貼って閉じ込めてしまった。

その結果、
ここはどんな世界になった？
金にもならない善い行いは愚行だと笑われる世界。
ネットのカキコミでカッコ悪いとコキ下ろすことがカッコいいと賞賛される世界。
自分より弱い他人を蹴落として、自分だけが得をする世界。
持てる者が持たざる者を笑い貶《けな》す世界。
政治家が政治をやりやすい、お金の力だけで物事が動く世界。
自国民を守るという正義で他国民を殺す世界。
他者の痛みに鈍感な世界。
そんな世界にならないように頑張ってきたのは、
そーゆー娘達のそーゆー思いだったんじゃないんですか？

前にも言いましたが、自らの意思で「無い」に変えたものを「失った」とは言いません。

であるなら、自らの意思で「有る」に変えることも、まだできるんじゃないでしょうか？

先に言っておきますが、誰かにああ変われ、こう変われと言うつもりはありません。

他人から一方的に言われても、人間が簡単に変わらないことは私だって知っています。

納得のいかない、面倒くさい事を付け加えたら長続きしなくなることも知っています。

私みたいな若い女につべこべ言われても、世の中は重い腰をあげたりしませんよね。

長い歴史と時間をかけて変わってきたことを、一両日でほいほい変えられるわけはない。

だから、無理に「変わってくれ」とは言いません。


ただ、私達のやる事に期待しないで欲しい。

私達のそれに期待しないで欲しいです。

私達の言う「それ」とは、「持続性」のことです。

私達が見返りを要求せず、ボランティアで行う親切に「持続性」を期待しないでください。


それを「無責任だ」とは言わないでください。

「いいこと」が続いていって欲しいことは分かります。

でも、基本的に「親切」はボランティアです。

報酬が設定されていないものに、何故？何かを義務付けようとするんですか？

今日やった理由を明日も同じことをする理由に、何故？すり替えてしまうんですか？

逆の立場から言えば、
親切なことをするのに何故？継続を意識しなければならないのですか？

マンガのヒーローでもないのに、
良い行動をアピールしなければならない政治家でもないのに、

「親切なこと」をし続けなければならないと、何故？考えてしまうんですか？

「下手に親切なことをしたら、次も絶対に同じ親切を履行しなければならない」なんて
どこかの規約に書いてありましたか？

誰もそれに期待しないなら、誰もその期待に応える必要は無いんです。

だって、それはボランティアなんでしょ？

はじめから見返りなんてアテにしていないんでしょ？

ちょっと気が向いただけ、今日はいいことしてみたいって思っただけなんでしょ？

それでいいんです。

大変そうな誰かを気遣ったり、次に使う誰かのためを思ったり、笑顔で誰かに接したり、
自分以外の誰かのために気持ちを少し動かした、そんなちょっとのことでいいんです。

それができる人の、一瞬の気まぐれでいいんです。

そーゆー、「気まぐれの優しさ」で構わないんです。

持続性を要しない無責任なボランティア、それを「気まぐれの優しさ」と呼んじゃいます。

短い言葉のほうが覚えやすいですもんね。

たとえば、
電車に乗っている時に自分よりもずっと年上のおばあさんが目の前に立っていたとします。

そのおばあさんには昨日も同じシチュエーションになって席を譲ってあげました。

でも、今日は少し疲れていてどうしても座っていたい、どうしても今調べたい事があって楽な姿勢でスマホを見ていたい、たまたまタイミングが合わなくて…などなど。

それならそれでもいいんです。

「気まぐれ」が今日はたまたまぴったり合わなかったら、それはそれでいいんです。

昨日の、気まぐれの、たった1回の親切だけでも充分に貴重な「1」なんです。

そのおばあさんだって期待はしてません。あなたの持続性なんて期待していないんです。

そんな事があったらいいなくらいは考えているかもしれませんが、どうしてもそれが無ければ電車に乗れないってレベルの重病人なら始めから電車なんか利用しませんよ。

その証拠に、「なんだい昨日は席を譲ってくれたのに今日は知らん顔かい、冷たいねぇ」なんて恐ろしいことを言われたことは無いでしょう？

もし、そんな事を言う人がいたら、私ならこう言いますよ。

「助けてもらえることが当たり前と思っている人間を喜んで助ける奴なんかいない」って。

確かに、これを言ったら私だって「他者の痛みに鈍感な」人間になるかもしれません。

ですが、私は聖者でもなけりゃ政治家でもない。売られたケンカはまっすぐ買います（笑。

幸い、そんなケンカを売られたことはありませんけどね。

だから、そんなセリフを言ったことも、言いたいと思ったこともありません。

と、言いたいところですが、

そのセリフが口から出そうになった経験はたくさんあるんですよ、実は。

もちろん、身体の不自由な・本当に困っている人に対してではありません。むしろ逆に、助けなんか絶対に必要無さそうな健常な人間に対して、そう言ってやりたくなったことはあるんです。そういう人のほうが狡猾で、「もらえるものはもらっておけ」をスローガンにして法的な権利を振りかざして「助け」を平気で要求してくる。この国は「弱者に冷たい国」なんて言われていますが、本当は「弱さを装った悪者に甘い国」が正解ですよ。

ある意味悲しい現実ですが、本当に助けが必要な人達ほどそれを当たり前だとは思っていません。助けてもらえることが当たり前ではないから、心から感謝してくれるんです。小さな親切でも、申し訳ないくらいに本当の意味で感謝してくれるんです。

たとえ話のはずが、ちょっと脱線したかもしれませんね。

まぁ、親切にする方も親切にされる方も、そんなに難しく考えなくてもいいってコトです。せっかくの好意を断るにしても、断られちゃうにしても、「気まぐれ」だから大丈夫。「その気持ちだけでうれしいですよ」ってお互い笑ってすごせば、それでいいんです。そんな風に気負いしないで、「気まぐれの優しさ」に触れるくらいでいいんです。

何も無いよりずっとマシ。

そうやって、気まぐれな小さな「1」をかき集めていくしかないんです。

「持続性」って、どちらかと言うと「お金儲けの道具」でしょ。

企業が安定した収入を得るために、安定した需要に応えるために宣伝文句にしている言葉。資本や組織力があるからこそ続けていける、それが「持続可能な」チカラなんです。不安定な人の心を頼りにしていたって、それは実現できるわけがないんです。永続的なサイクルを形成するためには、どうしても固定的な金の力が要る。そこに「優しさ」の入る余地なんて無いんです。

自治会は少なからず持続性が要求される組織です。若い人もいて、年老いた人もいる。生まれてくる子供もいれば、亡くなっていく人もいる。その全ての世代に対応させるには、どうしても「続けて」いける能力が必要になってくる。ところが、その活動はボランティアが頼み。対象者から自治会費は徴収されていますが、それが報酬として使われているわけではなく、あくまで必要経費の精算のためです。つまり、その活動は人の「優しさ」だけが頼りでまかなわれている、が過言ではない。その「優しさ」に「持続性」を求めることができるでしょうか？自治会の存在が風前の灯になってしまったのは、その無理なものを両立させようとしたその結果なのだと思います。

「気まぐれの優しさ」に持続性はありません。報酬も無いので責任もありません。そんな物で自治会の活動を成り立たせることができるでしょうか？

いいえ、きっとできないでしょうね。

責任も無い、持続性も無い、計画性も無く、気付いた人がたまたまやってくれる、そんな「気まぐれの優しさ」で自治会の活動が回るわけがありません。


それは、やり方を間違えてるんじゃないですか？

おおもとの考え方を間違えてるんじゃないですか？


ゆいちゃんが言ってました。

「私は、自治会は地域を応援してる応援団みたいなものかな、って思ってた。子供っぽい幼稚な考え方かもしれないけど、何も知らない子供に説明するなら
それでいいと思う。

いや、そのほうがいいと思う」

私も、それでいいと思います。

夕涼み会で花火やろう!!
日時：○月×日（雨天順延）　場所：○○神社広場
「夕涼み」がメインなので、自治会で準備できるものは少ないです。
花火はみんなで持ち寄って、みんなでシェアして楽しみましょう。
☆浴衣お姉さんの「おはなし朗読会」もあるよ。

エピローグ

この物語はフィクションですが、
公共の場所での花火はほとんどの自治体で禁止されています。
ここでは、神社の私有地内で近隣住人に了解をとったうえで、
消防署の指導を受けて万全の安全策をとって実施している、
という設定です。

ちょっとちょっと！
斉藤先輩も浴衣で来てるじゃん！
ちょっとマジヤバいって
い、痛いっての
へー、あれが斉藤先輩かー、楽しそーねーみどりちゃん
キャー
いつもの服
こっちは浴衣着てねーし
なーに？
どーしたの？
別にいいですけどね
よかったじゃない、かわいい花火大会はこうしてできたんだから
そんなに何もかもいっぺんには変わらないわよ

そりゃわかってますけど
この後、読み聞かせ会もやるんでしょ
がんばれがんばれ
ぐいっ
ムムム～

いっぺんには変わらない、か
ザリッ

お話会がはじまりますよ～
こどもたち、あつまれー

あつまれ〜
ぎゅっ
行こ
ーーー！
あははっ

女子高生ですが、自治会長です。

作者
X谷笑多

キャラクターデザイン・漫画
ハムえ

漫画仕上げ
ばーぴ

イラスト協力
ちるみとら／猫柳あすか

編集
柳澤義隆

DTP
土井由音

Special thanks
情報収集にご協力くださいました
自治会・町内会の会長、役員の皆様
市役所職員、市議会議員の皆様

「女子高生ですが自治会長です。」
書籍化
おめでとうございます!!
めでたいー!
ゆいたちのデザインやマンガのお手伝いができてすっごくうれしいです!
ハムえ

女子高生ですが
自治会長です。
書籍化 おめでとう
ございます!!
作画のお手伝いを
させていただきました
貴重な経験
ありがとうございました!
ばーぴ

ご注意とお断り

本書、並びに本書に登場するキャラクターにつきましては、
ホームページ、及び Twitter や Instagram などの SNS アカウント、
さらにはメールアドレスでさえも公式のものは一切存在しません。
「インターネット上にはウソしかない」ことを証明するために
ネット上には敢えて「本物を設置しない」ことにしているためです。
ご不便をお掛けしますが、ご了承のほどよろしくお願い致します。

尚、本書の文章・キャラクターは著作権法により保護されています。
ですが、
自治会などの地域活動の範囲に限って、本書の内容を配布物や掲示物に
利用することは、作者の意図するところでもありますので、
大いに使っていただいて構いません。
もちろんこれを、
税金を原資に生計を立てている政治家や行政機関が利用する、
あるいは、営利を目的とした団体がその活動に利用することは
理由が同様であったとしても固くお断り致します。
ご理解のほど、よろしくお願い申し上げます。

X谷 笑多

女子高生ですが、自治会長です。

2024 年 11 月 20 日　初版第1刷発行

著者　X谷 笑多（ペケタニ ショウタ）

キャラクターデザイン・漫画　ハムえ
漫画仕上げ　ばーぴ

発行人　小崎 奈央子
編集　柳澤 義隆
DTP・カバーデザイン　土井 由音
発行元　株式会社 けやき出版
〒190-0023 東京都立川市柴崎町 3-9-2 コトリンク 3 階
TEL 042-525-9909　FAX 042-524-7736
https://keyaki-s.co.jp
印刷　シナノ書籍印刷株式会社

ISBN：978-4-87751-646-8
※定価はカバーに表示してあります。